Personalbilanz Lesebogen 151
Wirtschaftswissen unter dem Dach von Wissensbilanzen bündeln und strukturieren

Jörg Becker

© 2018 Jörg Becker

www.beckinfo.de

Der Autor

Jörg Becker hat Führungspositionen in der amerikanischen IT-Wirtschaft, bei internationalen Consultingfirmen und im Marketingmanagement bekleidet und ist Inhaber eines Denkstudios für strategisches Wissensmanagement zur Analyse mittelstandorientierter Businessoptionen auf Basis von Personal- und Standortbilanzen. Die Publikationen reichen von unabhängigen Analysen bis zu umfangreichen thematischen Dossiers, die aus hochwertigen und verlässlichen Quellen zusammengestellt und fachübergreifend analysiert werden. Zwar handelt es sich bei diesen Betrachtungen (auch als Storytelling) vor allem von Intellektuellem (immateriellen) Kapital nicht unbedingt um etwas Neues. Doch um neue Wege zu gehen, reicht es manchmal aus, verschiedene Sachverhalte, die sich bewährt haben, miteinander neu zu kombinieren und fachübergreifend zu durchdenken. Zahlen ja, im Vordergrund stehen aber „weiche" Faktoren: es wird versucht, Einflussfaktoren nicht nur als absolute Zahlengrößen, sondern vor allem in ihrer Relation zueinander und somit in ihren dynamischen Wirkungsbeziehungen zu sehen. Auch scheinbar Nebensächliches wird aufmerksam beobachtet.

In der unendlichen Titel- und Textfülle im Internet scheint es kaum noch ein Problem oder Thema zu geben, das nicht bereits ausführlich abgehandelt und oft beschrieben wurde. Viele neu hinzugefügte und generierte Texte sind deshalbhalb zwangsläufig nur noch formale Abwandlungen und Variationen. Das

Neue und Innovative wird trotzdem nicht untergehen. Die Kreativität beim Schreiben drückt sich dadurch aus, vorhandenes Material in vielen kleinen Einzelteilen neu zu werten, neu zusammen zu setzen, auf individuelle Weise zu kombinieren und in einen neuen Kontext zu stellen. Ähnlich einem Bild, das zwar auf gleichen Farben beruhend trotzdem immer wieder in ganz neuer Weise und Sicht geschaffen wird. Texte werden also nicht nur immer wiederholt sequentiell gelesen, sondern entstehen in neuen Prozess- und Wertschöpfungsketten.

Das Neue folgt aus dem Prozess des Entstehens, der seinerseits neues Denken anstößt. Das Publikationskonzept für eine selbst entwickelte Tool-Box: Storytelling, d.h. Sach- und Fachthemen möglichst in erzählerischer Weise und auf (Tages-) Aktualität bezugnehmend aufbereiten. Mit akademischer Abkapselung haben viele Ökonomen es bisher versäumt, im Wettbewerb um die besseren Geschichten mitzubieten. Die in den Publikationen von Jörg Becker unter immer wieder anderen und neuen Blickwinkeln dargestellten Konzepte beruhen auf zwei Grundpfeilern: 1. personenbezogener Kompetenzanalyse und 2. raumbezogener Standortanalyse.

Als verbindende Elemente dieser beiden Grundpfeiler werden a) Wissensmanagement des Intellektuellen Kapitals und b) bilanzgestützte Decision Support Tools analysiert. Fiktive Reali-täten können dabei manchmal leichter zu handfesten Reali-täten führen. Dies alles unter einem gemeinsamen Überbau: nämlich dem von ganzheitlich durchgängig abstimmfähig, dynamisch vernetzt, potential- und strategieorientiert entwickel-ten Lösungswegen.

Management Overview

So wichtig es ist, die wirtschaftlichen Prozesse zu untersuchen, die innerhalb der Black Box im Herzen einer technisierten Gesellschaft ablaufen, die Architektur der Software und die Infrastruktur der Hardware, so kurzsichtig ist es, sich auf die immanenten Schwachstellen und Fehler zu konzentrieren. Nur weil wir nicht alles verstehen, dürfen wir nicht aufhören zu denken: die Fähigkeit zu denken, ohne zu behaupten oder sogar zu versuchen, etwas komplett zu verstehen, ist der Schlüssel zum Überleben im neuen Dark Age. Es geht nicht um Formeln oder Codes, aus denen Algorithmen gemacht sind, sondern um die Prämissen, die ihnen im Blut stecken. Risikoanalysen können als vorgeschaltete gedankliche Drehscheibe Entscheidungsprozesse unterstützen: sicht- und quantifizierbar gemachte Risiken werden eher bejaht als eine Zukunft, die im Dunkeln liegt. Je nach Unternehmensphilosophie müssen möglichst die vorhandenen Wertstellungsprofile und Risikoneigungen der Entscheidungsträger erfasst werden: die Extrempunkte bilden einerseits risikofreudige sowie andererseits risikoscheue Einstellungen. Beeinflusst werden diese u.U. durch die sich als Gegenpol bietenden Chancenprofile. Risikomodelle machen die bewusste Entscheidung der Verantwortlichen nicht überflüssig, d.h. sie sind nur Abstraktionen von der Realität: Ergebnisse können nicht verabsolutiert werden, sondern sollten laufend kritisch hinterfragt werden. Dabei geht es auch um die Möglichkeiten zur Quantifizierung der einzelnen Risiken: obwohl fast immer eine Vorstellung existiert, was risikobehaftet ist, ist es ungleich schwieriger, dieses Risikobewusstsein im Detail mit konkreten, quantitativen Daten zu operationalisieren. Neben „harten" quantitativen Daten müssen für die Geschäftsplanung auch sogenannte „weiche" qualitative Einschätzungen (beispielsweise unter Zuhilfenahme einer Wissensbilanz) bereitgestellt werden. Die Gefahr, das Unternehmen an den Marktrealitäten vorbei zu steuern besteht immer dann, wenn die Reaktionszeiten zu lang und die Planungs-Werkzeuge zu sehr auf die Fortschreibung der Vergangenheit statt auf die Beherrschung der Zukunft ausgerichtet sind. Dabei müssen die planungsrelevanten Sachverhalte zu einem umfassenden Geschäftsmodell gebündelt werden. Für die Geschäftsplanung müssen die Werkzeuge so ausgerichtet werden, dass sie ein Gleichgewicht zwischen einerseits dem „Denkbaren" und andererseits dem „Machbaren" herstellen. Dazu regt eine Wissensbilanz immer wieder auf ein Neues dazu an, niemals das Ganze aus dem Blickfeld zu verlieren und jede Maßnahme über ihre gesamte Wirkungskette hinweg eng mit allen sie umgebenden Einflussfaktoren zu vernetzen und eng zu überwachen. Für die Nutzung steigender Informationsberge braucht man eine geeignete Datenanalytik. „Es gibt zwei grundsätzliche Vorgehensweisen: Beim Fort-Knox-Ansatz schotten sich Unternehmen ab, Daten und Informationen werden mit erheblichem Aufwand geschützt. Die „Schwarzdenker" sehen in der Herausgabe von Daten in erster Linie Gefahren. Der andere Ansatz handelt nach dem Motto „Ich teile alles": Unternehmen und Nutzer von Diensten geben Daten freiwillig heraus, obwohl sie damit die Kontrolle über sie verlieren. Sie sehen mehr

Chancen als Risiken, weshalb man sie auch als „Weißdenker" bezeichnet". Die Menschen haben im Laufe der Evolution Verfahren entwickelt, sich der Unsicherheit über die Zukunft zu stellen. Bei extrapolativen Erwartungen gehen Menschen beispielsweise davon aus, dass sich ihre Erfahrungen aus der Vergangenheit in der Zukunft fortsetzen. Doch gibt es keine Gewähr, dass alles beim Alten bleibt, was so erst recht auf lange Sicht gilt. Viele Menschen reagieren verunsichert, wenn sich ihre Erwartungen nicht bestätigen. Alles ist wahrscheinlich und nichts sicher. Früher oder später (meistens früher) wird das Unerwartete und Unwahrscheinliche eintreten. Nur die Auswirkungen von Naturgesetzen wird auch in der Zukunft noch sicher sein: der Apfel fällt auch morgen noch nicht weit vom Stamm und die Erde wird sich weiter um die Sonne drehen. Angesichts eines zunehmend turbulenter empfundenen Wettbewerbsumfeldes ist die Gültigkeitsdauer einst als langfristig eingestufter Strategien rapide abgeschmolzen. Ziel der Szenariotechnik ist es, auf ökonomische Problematiken übertragen, ebenfalls Bilder einer möglichen Zukunft darzustellen. Von der Gegenwart ausgehend werden in einer Lageanalyse Wahrscheinlichkeitsgrade ermittelt, nach denen sich sowohl interne als auch externe Einflussfaktoren innerhalb der nächsten Zeit verändern werden. Es wird ein Entwicklungsverlauf aufgezeigt, der zu einer bestimmten Zukunftssituation führt: jeweils unter der Annahme, dass die Einflüsse heute geltender Tatbestände (Gesetze, Technik, Kundenverhalten) mit fortschreitender Zukunft immer mehr abnehmen werden. Während in den Strukturen der Gegenwart Störereignisse meist noch keine Rolle spielen, nehmen mit zunehmender Erweiterung dieses Zukunfts-/Zeittrichters gleichzeitig die Ungewissheit von Informationen und damit auch die Unsicherheit hinsichtlich des Eintreffens von Voraussagen zu: in der ganz weiten Zukunftsferne wird nahezu alles möglich. Die wirkliche Entwicklung wird sich zwischen den Randpunkten des Möglichkeitsraumes, d.h. zwischen optimistischen und pessimistischen Extremszenarien liegen, einstellen. Als zweites könnte deshalb ein wahrscheinliches Szenario als Trendverlängerung der heutigen Sicht fortgeschrieben werden. Zur Abrundung sollte dann noch mindestens ein Szenario mit möglichen Störereignissen für ein neues Zukunftsbild aufgenommen werden. Der Zusammenhang zwischen Zielen und strategischen Aktionen sowie deren Priorisierung bleiben oft unklar, d.h. erst ein umfassendes Konzept wie u.a. das der Wissensbilanz unterstützt die Darstellung auch von dynamischen Wirkungsbeziehungen hinsichtlich der eng miteinander verknüpften strategischen Ziele und zwar: mit den diesen entsprechenden Messgrößen, Ziel-werten und strategischen Aktionen. Ziel ist es, die Unternehmensziele und -strategien in ein konsistentes Bündel von Richtlinien und Maßnahmen umzusetzen. Die Maßnahmen des Unternehmens orientieren sich normalerweise an vier verschiedenen Perspektiven: die erste ist der finanzielle Aspekt, anhand dieser Daten kann die bisherige Performance gemessen werden. Drei weitere Aspekte sind auf die künftige Unternehmensleistung ausgerichtet: Kundenfokus, Geschäfts-prozesse sowie Lernen und Wachstum der Firma. Der Vorteil eines Konzeptes wie das der Wissensbilanz: es können messbare Indikatoren für Unternehmensziele definiert und damit eine wesentliche Voraussetzung für die interne Erfolgskontrolle geschaffen werden. Die einzelnen Elemente einer Wissensbilanz stehen nicht voneinander losgelöst mehr oder weniger lose nebeneinander, sondern sollen demgegenüber eine in sich geschlossene Geschäftslogik des Unternehmens abbilden: Ebenso wie die Strategieziele zu den zentralen Erfolgs-parametern des Unternehmens zählen, sind es erst die Kunden, die die Produkte des Unternehmens kaufen und damit für entsprechende Erlöse sorgen. Strategie- und Kundenziele ihrerseits hängen eng mit den Arbeitsweisen und Geschäfts-abläufen im Unternehmen, d.h. den Prozesszielen zusammen. In der Logik dieses Gesamtsystems spielen schließlich auch die Potenziale des Unternehmens, d.h. seine Innovationskraft, Mitarbeiter u.a. als Potenzialziele, eine entscheidende Rolle. Wenn Krisen eines lehren, dann dies: man sollte tunlichst alles in seiner Macht stehende unternehmen, um bereits ihren Wurzeln das Wasser abzugraben. Für eine Krise gibt es selten nur einen Grund, sondern meistens viele Ursachen. Ebenso wenig ist für eine Krise immer nur ein, vielleicht auch noch mehr oder weniger anonymes System (beispielsweise zügelloser Kapitalismus, die Gier oder ein Ordnungs- und Regelsystem) verantwortlich. An Krisen sind immer Personen beteiligt, zu nicht geringen Anteilen werden sie von diesen auch erst gemacht. Die besten ausgeklügelten Entscheidungstechniken nutzen wenig, wenn die, die sie anwenden, nicht über die erforderlichen Personalfaktoren und -eigenschaften verfügen. Vor diesem Hintergrund wird versucht, eine begehbare Brücke zwischen Entscheidertechniken und -eigenschaften (Personalfaktoren) zu finden. Die Insolvenzgefährdung eines Unternehmens wird durch verschiedene Faktoren bestimmt. Zwar lassen sich Insolvenzen nur sehr selten auf eine Ursache zurückführen, dennoch ist ein maßgeblicher Faktor auf die Insolvenzentwicklung die Ertragslage und ihre Veränderung. Insolvenzen stellen immer einen Ausnahmetatbestand dar. Vor allem kleine Unternehmen scheiden durch eine stille Liquidation ohne Insolvenzverfahren aus dem Markt aus. Die absoluten Insolvenzahlen können dabei nur einen sehr groben Anhalts-punkt für die Insolvenzgefährdung geben: um das Gefährdungs-potenzial näher zu quantifizieren, müssen die absoluten Zahlen auf die Gesamtzahl der Unternehmen bezogen werden. Für die Früherkennung erlangen sog. „weiche Faktoren" (beispielsweise Auftragseingang der Branche, Inflationsrate, Kundenzufrieden-heits-Index, Cash Flow, innerbetriebliche Krankheits- und Fluktuationsquote) eine zunehmende Bedeutung. Bilanz und BWA liefern nur vergangenheitsbezogene Daten. Daraus nicht ableiten lassen sich u.a. Trends und Innovationen, die sich nicht im Produkt- oder Dienstleistungsangebot des Unternehmens wiederfinden und damit wichtige Signale einer aufziehenden Krise sein können. Gewinn ist immer auch eng mit Risiko verknüpft, d.h. ganz ohne Risiko gibt es auch keinen Gewinn. Der Kampf gegen das Risiko wird wesentlich vom vorhandenen Entscheidungsvermögen, d.h. Entscheidungstechniken als Denk-hilfen, bestimmt. Es gilt Murphys Gesetz von der Böswilligkeit des Zufalls: nicht entscheiden heißt, den Zufall entscheiden zu lassen. Und der ist meist nicht kreativ, aber oft missgünstig. Der

Zufall mag Entscheidungen abnehmen, aber die Folgen gehen immer ganz zu Lasten des Nicht-Entscheiders. D.h. Erfolg = Summe richtiger Entscheidungen! Das Unternehmen braucht ein radarähnliches System, welches Störgrößen frühzeitig signalisiert. Je weniger Zeit verbleibt, desto geringer der Spielraum für Gegenmaßnahmen, d.h. es ist günstiger den zu erwartenden Wandel offensiv anzugehen anstatt unter Druck externer Störereignisse nur noch reagieren zu können. Der Zweck für den Einsatz von Frühwarntools: Trendwenden nicht erst dann bemerken, wenn diese entstanden sind.

Erfolgversprechend sind insbesondere integrative Ansätze, die quantitative Verfahren wie Korrelationsanalysen, Trendextrapolation, Glättungsverfahren mit qualitativen Methoden wie Portfoliotechnik, Szenariotechnik oder Expertenbefragung verknüpfen und integrieren. Spezifische Schwächen einzelner Verfahren und Methoden können durch einen kombinierten Einsatz vermieden oder durch Stärken anderer Verfahren jeweils ausgeglichen werden. Indikatoren sollten sich dabei nicht mehr an vergangenheitsorientierten Größen ausrichten, sondern verstärkt auf die Beschreibung latenter Chancen und Risiken abzielen. Es geht darum, positive oder negative Entwicklungen möglichst frühzeitig zu erkennen, die sich in einer Veränderung der jeweiligen Indikatoren im Zeitablauf über oder unter bestimmte Schwellenwerte hinaus ausdrücken: Im Rahmen pyramidenhaft aufgebauter Informationssysteme ist dabei die Wahrscheinlichkeit größer, bedrohliche Entwicklungen im unteren Teil der Pyramide, d.h. in weniger aggregierten Daten, früher zu erkennen als direkt an der Spitze eines Kennzahlenbündels und ein Frühwarnsystem muss zusätzlich auch in der Lage sein, Informationen in Form von Branchenvergleichen, Segmentvergleichen u.a. herzustellen. Es geht um die Wahrnehmung des Risikos und der Wahrscheinlichkeiten. Eine Risikosituation ist an ein Möglichkeitsspektrum gebunden, das von einer Wahrscheinlichkeit bestimmt ist, die sich auf Ereignisse bezieht, deren Eintritt einen Verlust bzw. Kosten oder einen Gewinn bzw. Einnahmen bedingt. Einzelne Risikosituationen unterscheiden sich u.a. dadurch, ob sie kontrollierbar sind oder nicht. Management bedeutet daher bis zu einem gewissen Grade gleichzeitig immer auch Risikomanagement. Nicht zuletzt auch deshalb, weil mit Erhöhung des Risikos nicht immer automatisch auch eine Erhöhung der Chancen verbunden sein muss. Die nicht vorhandene, unsichtbare Wahrnehmung wird gefühlt durch die Maschine Zufall ersetzt. Am Anfang steht das Unbekannte, Unzugängliche. Um von der Unsicherheit zum Zufall zu gelangen, muss der Blick innehalten, muss einen in Erstaunen versetzen. Außerhalb der gelebten Wirklichkeit gibt es keinen Zufall. Mit dem Bild des Zufalls wird versucht, die Wirklichkeit begrifflich zu erfassen, sie irgendwie begreiflich zu machen. So soll der Zufall eine Vorstellung vermitteln, ohne etwas der sinnlichen Wahrnehmung oder der reinen Intuition verdanken zu müssen. In der Theorie der Wahrscheinlichkeiten geht es darum, was am Unvorhersehbaren formalisierbar und quantifizierbar sein könnte. Im antiken Griechenland gab es hierfür extra den Gott Chaos, der das repräsentieren sollte, was nicht organisierbar ist. Der Zufall eröffnet uns eine

Welt der Möglichkeiten. Wie das Universum selbst, scheint diese (fast) unendlich. „Die erste Regel der Wahrscheinlichkeiten lautet, dass die Wahrschein-lichkeit eines Ereignisses die Summe der Wahrscheinlichkeiten aller Möglichkeiten ist, die es realisieren". Die Risiken selbst lassen sich u.a. durch das Ausmaß der voraussichtlichen Schadenswirkungen und negativen Zielabweichungen und deren Eintrittswahrscheinlichkeit charakterisieren. Mit einer Strategiekrise beginnt es. Es kommt darauf an, bereits die Strategiekrise als erste Stufe einer aufziehenden Schieflage -zunehmender Wettbewerbsdruck, Veränderung der Marktposition, nachlassendes Kundeninteresse u.a.- rechtzeitig zu identifizieren. Oft liegen zwischen dem Erkennen einer Krise und dem Konkurs der Firma nur wenige Wochen, d.h. wird eine Krise erst im späten Stadium einer dann meist schon Liquiditätskrise erkannt, ist eine Rettung oft nicht mehr möglich. Die Insolvenz-gefährdung eines Unternehmens wird durch verschiedene Faktoren bestimmt. Zwar lassen sich Insolvenzen nur sehr selten auf eine Ursache zurückführen, dennoch ist ein maßgeblicher Faktor auf die Insolvenzentwicklung die Ertragslage und ihre Veränderung. Insolvenzen stellen immer einen Ausnahme-tatbestand dar. Vor allem kleine Unternehmen scheiden durch eine stille Liquidation ohne Insolvenzverfahren aus dem Markt aus. Unternehmensrisiken entstehen nicht über Nacht: vielmehr kündigen sie sich mit mehr oder weniger zahlreichen und zum Teil nicht direkt sichtbaren Symptomen an. Wer Risiken und strategische Fehler bereits im Vorfeld erkennt, kann Krisen bereits im Vorfeld meistern und so nicht zuletzt auch den Absturz in eine „worst-case"-Insolvenz vermeiden. Die Welt ist so komplex geworden: da schafft es keine Führungskraft, noch überall Experte zu sein. Auf externen Rat angewiesen zu sein bringt das Gefühl, abhängig (oder gar schwach) zu sein. Zwar schleppen Führungskräfte immer irgendwelche Themen mit sich herum und suchen jemanden, mit dem sie sich vertrauensvoll und unbefangen austauschen können. Finden diesen Jemand manchmal aber nur selten. Zudem zählen Führungskräfte zu den sogenannten Alpha-Tieren und verabscheuen Schwächen nicht nur bei anderen sondern auch bei sich selbst. Führungskräfte zählen zur Riege der Entscheider (Sachverhalte, die Excel nicht für einen ausrechnen kann), müssen also immer viele Möglichkeiten abwägen und in Betracht ziehen (sonst wären es ja keine Entscheidungen). Und immer geht es auch um ein gehöriges Maß von Risikomanagement. Im Nachhinein be-schleicht den Entscheider dann leicht ein Gefühl der Unsicher-heit, das man dies oder jenes eventuell hätte besser machen können. Einsame Entscheidungen machen eben auch die Person dahinter einsam: wobei Einsamkeit und Alleinsein unterschiedliche Dinge sind. Und im Zentrum dieses Wirbels steht immer wieder die Disruption, eine Revolution, eine neue Idee, die alles ändert, und zwar auf einen Schlag. Alte Firmen gehen unter, neue (im Zweifel aus Kalifornien herkommend) tauchen auf und nehmen sich alles: „wer nicht aufpasst, so lehrt die Kodak-Fabel, der wird disruptetd, zerlegt von blutjungen Start-ups" Ein Rudel „fresswütiger Hyänen", die „so klein und machtlos aus-sehen, bis man merkt –wenn es zu spät ist- dass sie umwerfend zerstörerisch sind. Etablierte scheitern, wenn sie von umstürzenden Innovationen attackiert werden: plötzlich ist über-überall nur noch Disruption. Eine Geschäftsidee muss, soll sie erfolgversprechend sein, disruptiv sein (sonst fließt kaum Startkapital). Das Geschäft muss skalierbar, d.h. nahezu unbegrenzt und unendlich „ausrollbar" sei, mit Grenzkosten gegen Null tendierend.

Themen-Leitfaden

Auch für wirtschaftliche Problemstellungen und Analysen gibt es ein kognitives Paradox – je mehr Informationen wir haben desto weniger wissen wir

Oft sind es gerade jene außerhalb des eigenen Entscheidungsbereiches liegende Risikoeinflüsse wie beispielsweise wirtschaftspolitische, sozialpolitische, soziologische und demographische Daten, die neben dem internen Erfolgspotenzial den Gesamterfolg wesentlich mitbestimmen und den eigentlich vorhandenen Handlungsspielraum festlegen

Erfolgreiche Strategien erwachsen nicht aus einer Projektion der Vergangenheit in die Zukunft, sondern aus der Entwicklung der zukünftigen Position und aus der Beschreibung des dorthin führenden Weges

Sind traditionelle Kennzahlen wie Produktivität, Gewinn oder Umsatz noch die richtigen Steuerungsinstrumente? Aus Sicht der klassischen Methoden der Unternehmensbewertung wären viele Startups wertlos, obwohl man ihnen für die Zukunft großes Potenzial zuordnen muss

Immer weniger Menschen vertrauen Statistiken - Maschinen lernen, auf Basis von Beispieldaten Aufgaben zu lösen, Umgebungen zu verstehen, Handlungen zu planen, mit Menschen zu kommunizieren, Entscheidungen zu treffen, können Prozesse planen und optimieren, Prognosen treffen, Muster oder Auffälligkeiten erkennen oder Bild- und Sprachsignale analysieren

Geschäftsprozesse im Transformationsmodus mit künstlichen Intelligenzkomponenten - allerdings gibt es auch ein Missverhältnis zwischen den Aufgaben, die in Zukunft programmiert werden müssten, und denjenigen, die dazu in der Lage sind, dies auch zu tun

Schon heute wissen, für was sich ein potentieller Kunde morgen interessieren wird? Bewegung weg von reinen Berichten hin zur Vorhersage

Um eine Prozessorganisation implementieren zu können, muss die Informationsstruktur so flexibel verändert werden, dass sie auch auf dynamische Veränderungen reagieren kann

Modelle sind nur Abstraktionen von der Realität, d.h. ihre Ergebnisse dürfen nicht verabsolutiert werden, sondern müssen laufend kritisch hinterfragt werden

Zusammenhang zwischen strategischen Zielen und Aktionen- mit Hilfe eindeutiger Indikatoren können Unternehmen ihre Ziele und Aktivitäten überwachen: im Sinne eines Feedback-Systems, das die Umsetzung von unternehmensweiten Strategien in gezielte Aktionen steuert. Die Indikatoren werden auf der Basis vergangener Performance-Daten definiert und sind damit Referenzdaten für aktuelle Performance-Messungen

Wissensmanagement des Risikos - oft sind es gerade jene außerhalb des Unternehmens liegenden Risikoeinflüsse wie beispielsweise wirtschaftspolitische, sozialpolitische, soziologische und demographische Daten, die neben dem internen Erfolgspotenzial den Gesamterfolg und den eigentlich vorhandenen Handlungsspielraum wesentlich mitbestimmen

Frühwarntools sind nicht auf Daten aus Geschäftsaktivitäten gerichtet, die bereits stattgefunden haben. Vielmehr geht es um Analyse und dadurch Erkennen von Ereignissen, deren Wirkungen mit einem zeitlichen Versatz wichtig für die spätere Ergebnis- und Wachstumssicherung sind - Option, um sich Zeit kaufen zu können - die Zeit selbst ist eine konstante Größe, die kontinuierlich, unerbittlich und unbeeinflussbar verrinnt

Welt der Möglichkeiten: in der Theorie der Wahrscheinlichkeiten geht es darum, was am Unvorhersehbaren formalisierbar und quantifizierbar sein könnte

Modelle erlauben es, die oft komplizierte Struktur der Risikofaktoren und deren verwobene Zusammenhänge und ihr Ineinanderwirken zu analysieren, machen aber die bewusste Entscheidung der Verantwortlichen nicht überflüssig

Wenn Krisen eines lehren, dann dies: man sollte tunlichst alles in seiner Macht stehende unternehmen, um bereits ihren Wurzeln das Wasser abzugraben. Der Kampf gegen das Risiko wird wesentlich vom vorhandenen Entscheidungsvermögen, d.h. persönlichen Entscheidungstechniken als Denkhilfen, bestimmt

Kommunikationsprozesse können mit Wissensbilanzen unterstützt werden: Ziele und Strategien in ein konsistentes Bündel von Richtlinien und Maßnahmen umsetzen - im Mittelpunkt steht eine Zielverknüpfung über sämtliche Bereiche hinweg

Verknüpfungstabellen der Wirkungsdauer - je mehr über einem Unternehmen statt Schönwetter- dann einmal Gewitterwolken (Umsatzrückgang, Gewinneinbruch, Kundenverluste, aggressive Konkurrenz, Konjunkturrückgang, politische Umfeldverschlechterung u.a.) aufziehen, desto heftiger pfeift der Wind an der Bergspitze

Auch für wirtschaftliche Problemstellungen und Analysen gibt es ein kognitives Paradox – je mehr Informationen wir haben desto weniger wissen wir

Wir wissen mehr als wir je wussten und wenn wir etwas nicht wissen, glauben wir, dass wir die Antwort bestimmt im Internet finden werden. Trotzdem aber werden wir das Gefühl nicht los, dass immer weniger Menschen noch verstehen, wie die Dinge zusammenhängen. Täglich erleben wir dieses kognitive Paradox: je mehr Informationen wir haben desto weniger verstehen wir. Dieses Problem stellt sich nicht nur in alltäglichen Lebenssituationen, sondern ebenso für intellektuelle Problemstellungen und Analysen. Das allgemeine Unbehagen betrifft grundsätzlich die Autonomie und Handlungsfähigkeit des Menschen: man will die gefühlte Ohnmacht mit immer mehr Wissen bekämpfen, die Dunkelheit mit Licht. Wobei Dunkelheit durchaus kein Synonym für Unwissen sein muss. „Wenn das Wissen, die totale Transparenz, die Durchschaubarkeit der Welt ist", kann die Dunkelheit vielleicht auch ein Ort der Freiheit sein. Denn nur wenn wir akzeptieren, nichts mehr erkennen zu können, können wir uns neu orientieren. „Durch diese Veränderung der Perspektive lassen sich wenigstens die Umrisse der Probleme erkennen, welche durch moderne Technologien verstärkt und vor allem verschleiert werden. So wichtig es ist, die Prozesse zu untersuchen, die innerhalb der Black Box im Herzen einer technisierten Gesellschaft ablaufen, die Architektur der Software und die Infrastruktur der Hardware, so kurzsichtig ist es, sich auf die immanenten Schwachstellen und Fehler zu konzentrieren. Nur weil wir nicht alles verstehen, dürfen wir nicht aufhören zu denken: die Fähigkeit zu denken, ohne zu behaupten oder sogar zu versuchen, etwas komplett zu verstehen, ist der Schlüssel zum Überleben im neuen Dark Age. Es geht nicht um Formeln oder Codes, aus denen Algorithmen gemacht sind, sondern um die Prämissen, die ihnen im Blut stecken. Um die Erfahrungen, Vorurteile und Interessen. Um alle Daten, aus denen ein Gefängnis der Vergangenheit errichtet würde, wenn man sich die Zukunft nur noch als Hochrechnung der herrschenden Verhältnisse vorstellen könnte.

Oft sind es gerade jene außerhalb des eigenen Entscheidungsbereiches liegende Risikoeinflüsse wie beispielsweise wirtschaftspolitische, sozialpolitische, soziologische und demographische Daten, die neben dem internen Erfolgspotenzial den Gesamterfolg wesentlich mitbestimmen und den eigentlich vorhandenen Handlungsspielraum festlegen

Risikoanalysen können als vorgeschaltete gedankliche Drehscheibe Entscheidungsprozesse unterstützen: sicht- und quantifizierbar gemachte Risiken werden eher bejaht als eine Zukunft, die im Dunkeln liegt: Eine Vorsichtslinie markiert zunehmende Risikointensität, beispielsweise durch Fragezeichen = Verlassen des Knowhow-Bereiches. Das Konzept hierfür lautet: Risiken erkennen, Ursachen und Wahrscheinlichkeiten bewerten, Sicherheitsinstrumente planen und Kosten-/Nutzen analysieren. In Verbindung mit dem Konzept einer umfassenden Wissensbilanz könnten u.a. folgende Entscheidungspunkte eingehender geprüft werden: Wissens-, Personen-, Standortbilanz im Hintergrund, Kombination von Qualität und Stärken, Ausgangslage: Entscheiderprofil, Entscheidungsfeld der Existenzgründung, Entscheidungsmatrix schafft Übersicht, Technik der Polarprofile, Entscheidungsbaumtechnik, Risiko-Entscheidungsrechnung mit Quantilen, Entscheidungshilfen von Auftragsinformationen, Entscheidungshilfen von Liquiditätsinformationen, persönliche Potentialfaktoren des Entscheiders, Business Intelligence – Entscheidungspotentiale, Durchblick im Entscheiderfaktoren-Wirkungsnetz, Wirkungsanalyse für Einzelfaktoren, Aktiv- und Passivsummen der Faktorwirkungen,

Wahrnehmung des wahrscheinlichen Risikos, Risikoanalyse statt Kristallkugel, Entscheidungs-Tool Customer Retention, Szenariotechniken für mehrere Zukünfte, Konzept der Vorsichtslinie, Entscheidung: Offensiv agieren oder defensiv reagieren? Scanning mit 360-Grad-Suchverfahren, RoI- Entscheidungsrechnung, RoI-Sensitivitätsrechnung, Entscheidungstechnik Gewichtsverfahren.

Checkliste: Analyse der gesamtwirtschaftlichen Umfelddaten:

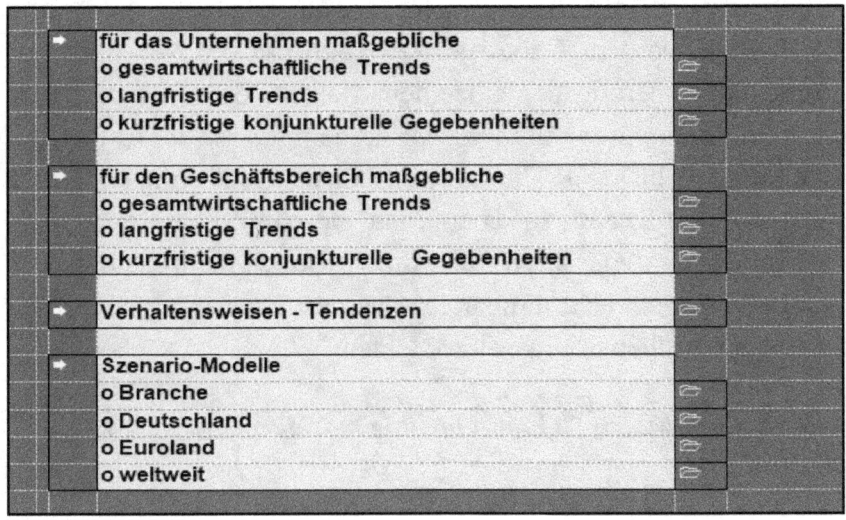

Es geht um Risikobewusstmachung bei allen Entscheidungen und Handlungen: je nach Unternehmensphilosophie müssen möglichst die vorhandenen Wertstellungsprofile und Risikoneigungen der Entscheidungsträger erfasst werden: die Extrempunkte bilden einerseits risikofreudige sowie andererseits risikoscheue Einstellungen. Beeinflusst werden diese u.U. durch die sich als Gegenpol bietenden Chancenprofile. Ausgelotet werden sollte, ob und wo unter Umständen Unsicherheiten im Datenkranz der Planung liegen bzw. welcher Art diese Risiken sind. Risikomodelle liefern Informationen für die risikoorientierte Steuerung, machen aber die bewusste Entscheidung der Verantwortlichen nicht überflüssig, d.h. sie sind nur

Abstraktionen von der Realität: Ergebnisse können nicht verabsolutiert werden, sondern sollten laufend kritisch hinterfragt werden. Dabei geht es auch um die Möglichkeiten zur Quantifizierung der einzelnen Risiken: obwohl fast immer eine Vorstellung existiert, was risikobehaftet ist, ist es ungleich schwieriger, dieses Risikobewusstsein im Detail mit konkreten, quantitativen Daten zu operationalisieren. Ziele hierfür sind: Erkennen von Gefahren, die durch Strategieanpassungen zu vermeiden sind oder umgangen werden können, Herausfiltern von strategischen Schlüsselproblemen.

„Quo vadis-Matrix" (Vorsichtslinie markiert Fragezeichen = Verlassen des Knowhow-Bereiches):

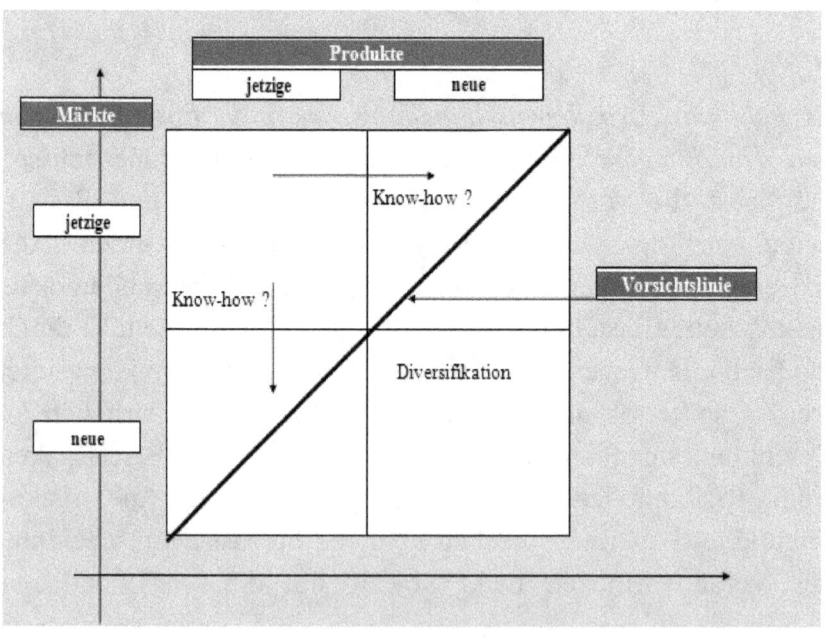

Erfolgreiche Strategien erwachsen nicht aus einer Projektion der Vergangenheit in die Zukunft, sondern aus der Entwicklung der zukünftigen Position und aus der Beschreibung des dorthin führenden Weges

Vorausabwägen verschiedener Entscheidungsmöglichkeiten ist heute mehr denn je eine Wurzel des Geschäftserfolges. Manchmal wird einer Forderung danach der Einwand entgegen gehalten, dass eine präzise Form der Planung unmöglich sei, da niemand in die Zukunft schauen könne. Gerade aber weil diese ungewiss ist, müssen die Maßnahmenplanungen konkret gesetzt werden, um über notwendige Orientierungsmarken für grundsätzliche Entscheidungen verfügen zu können. Neben „harten" quantitativen Daten müssen für die Geschäftsplanung auch sogenannte „weiche" qualitative Einschätzungen (beispielsweise unter Zuhilfenahme einer Wissensbilanz) bereitgestellt werden. Die Gefahr, das Unternehmen an den Marktrealitäten vorbei zu steuern besteht immer dann, wenn die Reaktionszeiten zu lang und die Planungs-Werkzeuge zu sehr auf die Fortschreibung der Vergangenheit statt auf die Beherrschung der Zukunft ausgerichtet sind. Dabei müssen die planungsrelevanten Sachverhalte zu einem umfassenden Geschäftsmodell gebündelt werden. Für die Geschäftsplanung müssen die Werkzeuge so ausgerichtet werden, dass sie ein Gleichgewicht zwischen einerseits dem „Denkbaren" und andererseits dem „Machbaren" herstellen. Dazu regt eine Wissensbilanz immer wieder auf ein Neues dazu an, niemals das Ganze aus dem Blickfeld zu verlieren und jede Maßnahme über ihre gesamte Wirkungskette hinweg eng mit allen sie umgebenden Einflussfaktoren zu vernetzen und eng zu überwachen.

Checkliste zur Identifizierung interner Stärken und Schwächen des Geschäftsbereichs:

➡ Beurteilung der Marktposition und Marktlage	📂
➡ Ergebnisse der letzten 2-3 Jahre	📂
➡ Ursachen für den bisherigen positiven und negativen Erfolg nach o Produktgruppen o Funktionsbereichen	📂 📂
➡ Stärken- und Schwächen-Bewertung nach Geschäftsfeldern	📂
➡ Rentabilitätskennzahlen nach Geschäftsfeldern: o absolute Delta-Deckungsbeiträge o Rentabilität des Mitteleinsatzes o Break-even-Analyse	📂 📂
➡ Marktstellungsanalysen o Marktattraktivitäts-/Wettbewerbsvorteil- portfolio	📂
➡ Risiko-Matrix der Investitionsvarianten	📂

Sind traditionelle Kennzahlen wie Produktivität, Gewinn oder Umsatz noch die richtigen Steuerungsinstrumente? Aus Sicht der klassischen Methoden der Unternehmensbewertung wären viele Startups wertlos, obwohl man ihnen für die Zukunft großes Potenzial zuordnen muss

Bisher kam Produktivität immer aus der Massenfertigung, sie steigt mit höheren Stückzahlen und zunehmender Kapazitätsauslastung. Für digitale Produkte muss dies nicht gleichermaßen gelten. Aber digitale Produkte braucht man, wer nicht auf dem neuesten Stand ist, verliert Umsatz. Zwar führt Industrie 4.0-nahe Produktion zu mehr Flexibilität, mehr Liefertreue oder mehr Qualität (gemessen an Reklamationen, Ausschussraten), aber nicht unbedingt im gleichen Takt zu einer Verbesserung der traditionellen Kennzahlen. Bisherige Kennzahlen vom Umsatz über den Gewinn zur Produktivität sind vergangenheitsbezogen. In der Welt von Industrie 4.0 werden dagegen eher zukunftsbezogene Kennzahlen gebraucht. Beispielsweise anstatt den reinen Output zu messen lieber die Qualität anzuzeigen, wie Bereitstellung der richtigen Ware in der richtigen Qualität in der richtigen Zeit am richtigen Ort zu den richtigen Kosten.

Oder Kennziffern zur Messung der Zeit, in der neue Produkte auf den Markt kommen. Denn der Faktor Geschwindigkeit wird wichtiger, damit auch Kennziffern, die etwas über Entwicklungs- und Produktionszeiten aussagen. Gebraucht werden Indikatoren, die etwas über Fortschritt, Wachstum oder Wohlstand aussagen können. Nach Ansicht von Experten sollte auch der Investitionsbegriff zukünftig weiter gefasst werden, indem mit ihm auch Innovationsimpulse eingezogen werden, die von einer Branche auf andere Wirtschaftszweige ausgehen. Innovationen müssen nicht immer eng mit Forschung und Entwicklung korrelieren: im Dienstleistungssektor lassen sich nicht alle Innovationen eins zu eins auf Forschungsausgaben zurückführen (sondern entstehen oft beim Entwickeln kundenspezifischer Lösungen).

Aus Sicht der klassischen Methoden der Unternehmensbewertung wären viele Startups wertlos, obwohl man ihnen für die Zukunft großes Potenzial zuordnen muss. Wenn früher für das Brockhauswissen mehrere Tausender angelegt werden mussten, erhält man dieses heute bei Wikipedia schneller und dazu auch noch umsonst. Obwohl das Bruttoinlandprodukt nun also um die eingesparten Ausgaben für den Brockhaus geringer ist, hat die Wohlfahrt durch besseren Zugang zur Bildung zugenommen. Die BIP-Kennzahl somit verzerrt, denn wo keine Preise gezahlt werden, erscheinen sie auch nicht im BIP. Angesagt ist eine integrierte Berichterstattung, mit der nicht nur Finanzkennziffern bereitgehalten werden, sondern mehr Kennzahlen beispielsweise über Nachhaltigkeit, Sozialverhalten und, und ………

Werttreiber		Wertorientierte Entscheidung	
		operative Entscheidungen	
Umsatzwachstum	➡	Orientierung der Preispolitik am branchenüblichen Preisniveau	
	➡	Nutzung aller Möglichkeiten zum Aufbau von Kostensenkungspotentialen	
	➡	Orientierung der Preispolitik am maximal durchsetzbaren Preis	
	➡	Ermittlung von Märkten und Marktsegmenten mit attraktiven Margen	
Betriebliche Cash Flow-Marge	➡	Erreichung einer wettbewerbsfähigen Betriebsgröße durch Nutzung von Synergien, Straffung im Sortiment, Reduktion der Sortimentstiefe u.a.	♋
	➡	Zusammenarbeit mit Lieferanten und Vertriebskanälen, z.B. in der Produktgestaltung, Anlieferung u.a.	♋
	➡	Kontrolle und Abbau von Overheads durch Gemeinkostenwertanalyse, Zero-Base-Budgeting u.a.	♋
	➡	Abbau von Kostenaktivitäten, die keinen erkennbaren Beitrag zur Erfüllung von Kaufkriterien des Kunden leisten	♋
	➡	Ausrichtung der Produkt-Leistungsmerkmale auf die aus Sicht des Kunden wirklich benötigten Merkmale	♋

		Investitionsentscheidungen	
Zusatzinvestitionen in das Nettoumlaufvermögen	➡	Reduktion des Kassenbestandes durch Cash Management	⌫
	➡	Reduktion der durchschnittlichen Debitoren-Dauer	
		Erhöhung des Debitoren-Umschlages (Debitoren-Management)	⌫
	➡	Reduktion des Lagerbestandes auf Mindestniveau	⌫
	➡	Abstimmung von Debitorendauer und Lagerbestand mit dem Niveau, das der Kunde als Differenzierungsbeitrag erkennt	
		und wofür er bereit ist, eine Preisprämie zu zahlen	⌫
	➡	Aushandlung und Nutzung günstiger Lieferkonditoren	
		(Kreditoren-Management)	⌫
Zusatzinvestitionen in das Anlagevermögen	➡	Erhöhung des Anlagennutzungsgrades	⌫
	➡	Anschaffung produktivitätsfördernder Anlagen;	
		Kauf von Anlagen, die dem Produkt zusätzliche Eigenschaften verleihen	⌫
	➡	Verkauf unzureichend genutzter und nicht-betriebsnotwendiger	
		Anlagen	⌫
		Finanzierungsentscheidungen	
Diskontsatz	➡	Herstellung einer optimalen Finanzstruktur	➤
	➡	Management der unternehmerischen und finanziellen Risiken	➤
	➡	Einsatz kosteneffizienter Finanzierungsinstrumente	➤

Immer weniger Menschen vertrauen Statistiken - Maschinen lernen, auf Basis von Beispieldaten Aufgaben zu lösen, Umgebungen zu verstehen, Handlungen zu planen, mit Menschen zu kommunizieren, Entscheidungen zu treffen, können Prozesse planen und optimieren, Prognosen treffen, Muster oder Auffälligkeiten erkennen oder Bild- und Sprachsignale analysieren

Statistiken zufolge vertrauen immer weniger Menschen Statistiken (außer jenen natürlich, die den Anstieg vertrauenswürdiger Statistiken belegen). „Das generalisierte Misstrauen mag sich angesichts von Fake News, alternativen Fakten und der Rede von der Postfaktizität des gegenwärtigen Zeitalters als aktuelle Version eines aufgeklärten Bewusstseins begreifen. Was es in seiner Selbstgerechtigkeit allerdings nicht sieht, ist der unverzichtbare Bedarf moderner Gesellschaften an verlässlichen Daten über sich selbst".

„Keine Verwaltungsmaßnahme, keine unternehmerische Investition und Gesetzgebungsvorhaben findet statt, ohne dass sich die entsprechenden Akteure zunächst anhand quantitativer Wissensbestände ein möglichst adäquates Bild von der Wirklichkeit machen, in die sie einzugreifen beabsichtigen". Will die Gesellschaft von der Dynamik ihres eigenen Wandels nicht überfordert werden, sollten (müssten) Wirtschafts- und Sozialdaten in noch schnellerer Folge erfasst und gemessen werden. Mit der gezielten Ausforschung von Individuen ist mit Big Data hierzu ein mächtiger Konkurrent erwachsen, der seine

Daten nicht erst umständlich erfragt oder erhebt, sondern sie einfach (technisch unsichtbar) abschöpft und verwertet.

Obwohl im Rahmen der Flüchtlingskrise von einem „temporären Überblicksverlust" gesprochen wurde, sammeln staatliche Lenkungsorgane nicht zum Selbstzweck, sondern zum statistisch nachweisbaren Zweck der gesellschaftlichen Innovationssteigerung. Dieser Anspruch öffentlichen Statistiken (quasi als Universalsprache für politische Entscheidungsprozesse) wird am besten durch maximale Transparenz bei der Generierung und Nutzung der Daten untermauert.

Kognitive Systeme in immer mehr Einsatzbereichen: „Deep Learning bezeichnet mehrschichtige künstliche neuronale Netze, die sich in abstrakter Form an den Informationsverarbeitungsprozessen im menschlichen Gehirn orientieren. Maschinen lernen, auf Basis von Beispieldaten Aufgaben zu lösen, Umgebungen zu verstehen, Handlungen zu planen, auf Hindernisse zu reagieren, mit Menschen zu kommunizieren, Entscheidungen zu treffen. Sie können Prozesse planen und optimieren, Prognosen treffen, Muster oder Auffälligkeiten erkennen oder Bild- und Sprachsignale analysieren. Schwerpunkte liegen in den Bereichen industrielle Produktion, Einzelhandel, Medizin oder Finanzen. Maschinelle Lernverfahren können bei der Untersuchung von komplexen Situationen genutzt werden und beispielsweise aufwendige Prototypen-Tests ersetzen.

Es gibt viele Level von Assistenzsituationen: von vollständig menschgeführt bis vollständig autonom. Während Blackbox-Modelle das physikalische Modell der lernenden Problemstellung nicht berücksichtigen wird es in Whitebox-Algorithmen so genau wie möglich hergeleitet und mitverwendet. Im Rahmen der Analyse hochkomplexer Daten wissen manchmal Experten nicht genau, wie neuronale Netze zu bestimmten Ergebnissen kommen. „Man füttert gewissermaßen eine Blackbox mit Werten und erhält überraschend gut verwendbare Ergebnisse".

Maschinelle Lernverfahren helfen, sowohl Daten als auch Wissen aus der Literatur in einer Größenordnung zu extrahieren, die weit über die kognitiven Fähigkeiten einzelner Wissenschaftler hinausgeht. Mit maschineller Hilfe können Modelle der Welt generiert werden, die jenseits menschlicher Leistungsfähigkeit neue Einsichten in Wirkungsmechanismen erlauben. Denn mit steigender Vernetzung steigt die Menge der verfügbaren (nutzbaren) Daten. Für die Nutzung steigender Informationsberge braucht man eine geeignete Datenanalytik. „Es gibt zwei grundsätzliche Vorgehensweisen: Beim Fort-Knox-Ansatz schotten sich Unternehmen ab, Daten und Informationen werden mit erheblichem Aufwand geschützt. Die „Schwarzdenker" sehen in der Herausgabe von Daten in erster Linie Gefahren. Der andere Ansatz handelt nach dem Motto „Ich teile alles": Unternehmen und Nutzer von Diensten geben Daten freiwillig heraus, obwohl sie damit die Kontrolle über sie verlieren. Sie sehen mehr Chancen als Risiken, weshalb man sie auch als „Weißdenker" bezeichnet".

Checkliste Datenbedarf Wertsteigerungsanalyse:

Jahresabschlüsse der letzten 3 Jahre	➡	Bilanz	
	➡	Gewinn- und Verlustrechnung	
Kommentierungen, Zusatzinformationen	➡	Fristigkeiten, insbesondere zu	
		o Forderungen	
		o Verbindlichkeiten,	
		o Rückstellungen	
		o Rücklagen	
	➡	Betriebsnotwendige und nichtbetriebsnotwendige Vermögensbestandteile	
	➡	Übersicht sämtlicher Leasing-Verträge mit mehrjähriger Laufzeit	
	➡	Außerordentliche Geschäftsvorfälle	
	➡	Aufwendungen + Erträge mit unmittelbarem Bezug zur betrieblichen Leistungserstellung	
	➡	Aufwendungen für/ Erträge aus außerordentlichen Aktivitäten	
	➡	Kalkulatorischer Abschreibungsbedarf auf betriebsnotwendiges materielles u. immaterielles Anlagevermögen	
	➡	Informationen über ggf. saisonale Schwankungen in der Vermögensstruktur und Ertragslage	
Planungsrechnung	➡	Planerfolgsrechnung	
	➡	Finanzplan	
	➡	Planbilanz	
Unternehmensleitbild	➡	Leitvorstellungen, Vision	
	➡	Basisstrategien	
	➡	Verhalten gegenüber Anspruchsgruppen	

Stärken/Schwächen	➡	Beschreibung des relevanten Marktes	📁
	➡	Darstellung der wichtigsten Kunden-Kaufkriterien	📁
	➡	Gewichtung der Aktivitäten der eigenen Wertkette	📁
	➡	Anteile Einzelaktivitäten an Gesamtkosten	📁
	➡	Gewichtung einzelner Aktivitäten der Wertkette der wichtigsten Konkurrenten	
	➡	Auswahl wichtiger Kostenantriebskräfte:	
		o Logistik (Transport, Lagerung, Handling)	
		o Produktion (incl. Qualitätskontrolle)	
		o Marketing/Vertrieb,Verkaufsförderung	
		o Service (Installation, Schulung, Wartung,	
Konkurrenten	➡	o Änderung der Kostenstruktur	
		o Wettbewerbsverhalten	
		o Kapazitätsauslastung	
		o Preispolitik	
		o Eintritts-/Austrittsbarrieren	📁
Markttrends und -entwicklungen	➡	Verschiebungen in der Nachfragestruktur	📁
	➡	Marktwachstum und -potential	📁
	➡	Marktanteile	
		o eigene	
		o Konkurrenz	
	➡	Grad der Marktkonzentration	📁
Wettbewerbsumfeld	➡	EU, Oststaaten Südostasien	📁
	➡	Logistische Rahmenbedingungen	📁
	➡	Demographischen Entwicklungen	📁
	➡	Technologische Innovationen	📁
Supply Chain	➡	Verhandlungsmacht Abnehmer	📁

Geschäftsprozesse im Transformationsmodus mit künstlichen Intelligenzkomponenten - allerdings gibt es auch ein Missverhältnis zwischen den Aufgaben, die in Zukunft programmiert werden müssten, und denjenigen, die dazu in der Lage sind, dies auch zu tun

Die Cloud ist für manches Unternehmen eine wichtige Grundlage zur Erschließung neuer Geschäftsmodelle. Digital vernetzt lernen Systeme über die Echtzeitanalyse von Daten ständig dazu und versetzen beispielsweise in die Lage, jede Losgröße zu fertigen. Daten aus der Produktion sind in dezentralen Rechenzentren (der sogenannten Cloud) zu finden. Über die Cloud können standortübergreifende Services weiter verbessert werden. Um schneller zu werden, wird die Fertigungstiefe weiter verringert, es muss nicht mehr alles selbst produziert werden. Stattdessen setzt man auf Partnerschaften, um Wissen (z.B. in Industrie- und Softwarebereichen) mit der Hilfe Dritter anzureichern. Softwarelösungen unterstützen die Datenanalyse, Visualisierung und intelligente Entscheidungsfindung in Echtzeit.

Von einer Kosteneinsparung durch die Minimierung von Stillstandzeiten in der Fertigung profitieren Hersteller und Kunde gleichermaßen: ermöglicht wird u.a. ein qualitative noch hochwertigeres Produkt, das obendrein zu einem günstigeren Preis verfügbar gemacht werden kann. Für den Einsatz neuer Technologien gibt es noch viele nicht ausgeschöpfte Möglichkeiten: vom Internet der Dinge bis hin zur künstlichen Intelligenz. Allerdings gibt es auch ein Missverhältnis zwischen den

Aufgaben, die in Zukunft programmiert werden müssten, und denjenigen, die dazu in der Lage sind, dies auch zu tun. Denn zu tun gibt es viel. Würde man beispielsweise alle Daten, die künftig von Sensoren geliefert werden, in einer Cloud lagern, wäre dies vielleicht zu viel. Man braucht daher Analysewerkzeuge, die an Ort und Stelle entscheiden, welche Daten wichtig sind (auch ohne eine Verbindung zum Netz). Um sich hierbei im Wettbewerb differenzieren zu können, braucht auch man einen Einsatz von künstlichen Intelligenz-komponenten.

Grundsteine der Finanztheorie im Zwielicht: an den Kapitalmärkten galt lange (und gilt teilweise noch heute) die Allzweckwaffe der Normalverteilung (bekannt durch die Glockenkurve des Mathematikers Gauß). Vor diesem Hintergrund wird angenommen, dass Wertpapierkurse zufällig steigen oder fallen (wie ein schwankender Betrunkener). Weder Richtung noch Ausmaß der Kursveränderungen seien vorhersagbar, folgten nur bestimmten Wahrscheinlichkeiten. Auch der Münzwurf „Kopf oder Zahl" folgt einer solchen Normalverteilung (die Wahrscheinlichkeit, das hundertmal hintereinander Kopf kommt ist eine Zahl mit 30 Nullen hinter dem Komma). Die Realität aber sieht anders aus: würde die Glockenkurve gelten, dürfte der Dow Jones Aktienindex im Schnitt nur alle dreitausendfünfhundert Jahre an einem Tag um mehr als fünf Prozent fallen. Der Oktobercrash von 1987 (Indexverlust von mehr als zwanzig Prozent an einem einzigen Tag) hätte laut Normalverteilung seit Beginn des Universums eigentlich niemals stattfinden dürfen. Gestandene Börsianer wissen es besser: wenn heute Notierungen einbrechen, steigt die Wahrscheinlichkeit, dass die Börse auch morgen bebt. Viele Anleger glaubten für einen optimalen Depotmix lange fest an die Formeln des Ökonomen Markowitz: danach ließ sich für eine bestimmte Zielrendite ein Portfolio mit dem geringsten Risiko konstruieren (oder umgekehrt: das Portfolio mit der höchsten Rendite bei vorgegebenen Risiko). Auch dieses Gedankengebäude hielt der Wirklichkeit nicht stand und drohte, bei größeren Erschütterungen der Märkte in sich zusammenzufallen. Nach der Pleite der Investmentbank Lehman Brothers stürzten auch die nach Markowitz aufgestellten Portfolios fast ungebremst ab. Vielen begann zu dämmern, dass auch mit der zauberhaften Finanzmathematik etwas Grundsätzliches nicht stimmen konnte.

Finanzen beherrschen:

Bereich	Kennzahl	Bewertung				
Liquidität		gut				schlecht
	Liquiditätsreserve ➡	> 3 Mo	> 2 Mo	> 1 Mo	< 2 Wo	< 1 Wo
EK/FK		gut				schlecht
	Eigenkapitalquote ➡	> 30 %	> 20 %	> 10 %	< 10 %	negativ
Rentabilität		gut				schlecht
	Cash Flow in % vom Umsatz ➡	> 20 %	> 10 %	> 5 %	< 5 %	negativ
		gut				schlecht
	Umsatzrendite ➡	> 15 %	> 10 %	> 6 %	< 4 %	negativ

Die Menschen haben im Laufe der Evolution Verfahren entwickelt, sich der Unsicherheit über die Zukunft zu stellen. Bei extrapolativen Erwartungen gehen Menschen beispielsweise davon aus, dass sich ihre Erfahrungen aus der Vergangenheit in der Zukunft fortsetzen. Doch gibt es keine Gewähr, dass alles beim Alten bleibt, was so erst recht auf lange Sicht gilt. Viele Menschen reagieren verunsichert, wenn sich ihre Erwartungen nicht bestätigen. Beispiel: Zinsentwicklung. Bei Realzinsen von Null oder darunter reagieren viele (vor allem ältere) Menschen empört und meinen, dass sie betrogen werden. Für sie existiert so etwas wie ein Grundrecht auf einen positiven Realzins (auch wenn es hierfür keine gesetzliche Grundlage gibt). Die durchschnittliche Lebenserwartung beträgt heutzutage nach der Statistik so um die achtzig Jahre. Das bedeutet, dass Menschen heute wirtschaftliche Entscheidungen treffen sollen (müssen), die ihr Leben in sechzig oder siebzig Jahren beeinflussen (bestimmen) können. Über einen solchen Zeitraum hilft keine eine einfache Fortschreibung auf der Grundlage vergangenen Erfahrungen: niemand kann ernsthaft wissen, wie sich in einer solchen langen Zeitspanne Wirtschaftswachstum, Zinssätze oder gar Aktienkurse entwickeln werden oder welches Unternehmen im Jahr 2080 überhaupt noch existieren wird. Es ist nicht einmal gesichert, dass stets ein realer Kapitalerhalt gelingt (es hat schon immer Phasen gegeben, in denen die nominale Verzinsung nicht ausreicht, um inflationäre Entwicklungen auszugleichen). Niemand weiß, wie internationale politische Veränderungen, Klimaänderungen oder Migrationswellen das Leben beeinflussen werden. Diese Unbestimmtheit des Laufs der Welt kann man als Quelle von Sorgen aber auch von Chancen sehen: es werden jene Energien freigesetzt, deren Ergebnis auch jene Innovationen sind, die unser Leben positiv bereichern. Unsicherheit bedeutet Wandel und Wandel bedeutet nicht nur Risiken sondern auch Chancen (es ist gerade die Neugierde hierauf, die Menschen antreibt).

Wie ein Spinnennetz, das seiner Erschafferin in verschiedenen Ausprägungen Nahrung, Schutz und Fortbewegung ermöglicht und ihr Ökosystem erhält hat auch das Vermögen eines Menschen viele Aspekte und setzt sich aus einem größeren Fundus zusammen als man auf den ersten Blick vielleicht annehmen könnte. Neben Geld und finanziellen Vermögenswerten zählt dazu weiteres materielles Kapital wie beispielsweise Immobilien und andere Realwerte (Kunstgegenstände, Münzsammlungen, Bilder, Musikinstru-mente, Oldtimer). Aus der Mode gekommen sind früher noch hochaktuelle Briefmarkensammlungen oder seinerzeit als Wertanlage angepriesene Weihnachtsjahresteller. Zu den wesentlichsten Vermögenswerten zählt dagegen das (oft unbeachtete) intellektuelle Kapital, also Ausbildung, Weiter-bildung, Wissen und die Fähigkeit Neues zu erlernen. Für die überwiegende Mehrheit der Menschen ist dieses intellektuelle Kapital überhaupt erst die Voraussetzung und Basis dafür, inwieweit materielles Kapital geschaffen werden kann. Die Möglichkeit zum Erbringung von Leistungen hängt ent-scheidend von physischen und psychischen Gesundheit ab: einem Vermögenswert, der oft ein größeres Risikopotential als ein Börsencrash in sich birgt. Ein zunehmendes Gewicht erhält bei Betrachtung der persönlichen Gesamt-Vermögensbilanz das soziale Kapital (Freundschaften, Netzwerke, Beziehungen). Werte wie Lebenseinstellung, Verantwortung übernehmen oder Glaubensstärke dienen der Verankerung in der Gesellschaft und schließen kulturelles Kapital in Form von Gebräuchen, Regeln und Lebensformen (die beispielsweise im internationalen Management über Erfolg oder Misserfolg entscheiden können) ein. Diese breite Palette an Vermögenswerten kann in verschiedenen Lebensphasen mit unterschiedlicher Intensität zum Vermögensaufbau (und Kapitalschutz) genutzt werden. Ein wichtiges Ziel kann dabei sein, neben einem Haupteinkommen noch zusätzlich weitere Einkommensquellen zu erschließen. Je nach Lebensphase wird auch das Vermögensmanagement unterschiedlich definiert: junge Menschen werden (sollten) Vermögenswachstum mit Kapitalformen anstreben, die es ihnen ermöglichen, erst einmal einen Kapitalstock aufzubauen. Menschen in der mittleren Lebensphase werden verstärkt Investitionen in ihr intellektuelles Kapital (qualifizierte Weiterbildung, Karriere, Ausschöpfung von Einkommenspotenzialen) verfolgen. Ältere Menschen werden besonders berücksichtigen, inwieweit ihnen das kulturelle und soziale Kapital die notwendige Unterstützung gibt.

Also: alles ist wahrscheinlich und nichts sicher. Früher oder später (meistens früher) wird das Unerwartete und Unwahrscheinliche eintreten. Nur die Auswirkungen von Naturgesetzen wird auch in der Zukunft noch sicher sein: der Apfel fällt auch morgen noch nicht weit vom Stamm und die Erde wird sich weiter um die Sonne drehen. Die zukünftigen Erfolge einer Geldanlage sind also immer unbestimmt und unsicher. Früher oder später werden deshalb hierbei auch Fehler entstehen: einen solchen Luxus muss man sich allerdings leisten können. Dabei sind entgangene Gewinne immer besser als reale Verluste (viele Anleger halten es genau umgekehrt, sie empfinden entgangene gewinne schlimmer als reale Verluste). Verluste braucht kein Mensch und wenn man einen Kick braucht, könnte man sich diesen anderswo billiger holen. Wenn also schon Geld vorhanden ist, wenn es an der Börse alles Mögliche nur keine Sicherheit gibt, sollte man eher zurückhaltend agieren. Zahllose Untersuchungen belegen, dass die langfristige Vermögensbildung stark von grundsätzlichen Entscheidungen über den Umgang mit Geld abhängt. Eine strategische Grundausrichtung des Vermögensaufbaus ist allemal wichtiger als die Frage, ob man nun deutsche oder eher dänische Staatsanleihen kaufen sollte: neunzig Prozent des langfristigen Anlageerfolges sind das Resultat grundsätzlicher, strategischer Entscheidungen. Zusätzlich erschwerend kommt hinzu, dass es vielen Menschen an der notwendigen Disziplin für die Umsetzung fehlt, um über Jahrzehnte hinweg konsequent Geld anzulegen (und seien es auch nur 25 oder 50 Euro Monat für Monat). Dabei hat das Internet auch die Finanzbranche grundlegend verändert (früher ging mancher noch mit seinem feinsten Anzug und sorgfältig gebundener Krawatte zu einem Bankberater): das Herrschaftswissen der Banken ist nun für alle frei verfügbar, die Banken entwickeln sich zum Robo-Advisor.

Checkliste Frühwarn-Beobachtungsfelder und ihre Indikatoren:

Beobachtungsfeld		Indikator mit Frühwarneigenschaft	
Konjunkturelle Entwicklung	➡	Auftragseingänge	
		o Gesamtindustrie	☐
		o Branchen	☐
Technologische Entwicklung	➡	o Informationen über Verfahrenstechnologieänderungen	☐
		o Informationen über Produkttechnologieänderungen	☐
Umsatzentwicklung	➡	o Auftragseingänge	☐
		o Auftragsbestände	☐
Kunden	➡	o Bestell-/Einkaufsverhalten	☐
		o Auftragseingänge Key Accounts	☐
		o Zahlungsverhalten	☐
		o Kundenzufriedenheit	☐
Konkurrenz	➡	o Preispolitik	☐
		o Produktpolitik	☐
Lieferanten	➡	o Preise	☐
		o Konditionen	☐
Kapitalmarkt	➡	o Zinsen	☐
		o Kapitalkosten	☐
		o Austauschkurse	☐
Portfolio	➡	Verhältnis von Cash-, Star-, Nachwuchs- und Problemprodukten	☐
Mitarbeiter	➡	o Personalkosten	☐
		o Fehlzeiten	☐
		o Fluktuationsquote	☐
Finanzen	➡	o Bilanz-, G+V-Kennzahlen	☐
		o Cash Flow	☐
		o Shareholder-Value	☐
		o Liquiditätsgrad	☐
F+E	➡	o Innovationsgrad	☐
		o F+E-Quote im Vergleich zur Konkurrenz	☐
Produktion	➡	o Durchlaufzeit	☐
		o Ausschußquote	☐
		o Reklamationen	☐
		o Lohnkostenanteile	☐
		o Beschaffungspreise	☐

Schon heute wissen, für was sich ein potentieller Kunde morgen interessieren wird? Bewegung weg von reinen Berichten hin zur Vorhersage

Daten sammeln ist in den vergangenen Jahren immer leichter (und umfangreicher) geworden. Menschen gewöhnen sich leicht an Veränderungen, wenn sie sich hiervon einen Mehrwert versprechen. Aufgrund der angehäuften riesigen Datenmengen lassen sich bereits heute Dinge vergleichsweise zuverlässig vorhersagen. Getrieben durch die Entwicklungen im Online-Handel und in den sozialen Netzwerken können Analysen, Diagnosen und Entscheidungen durch ausgeklügelte Berechnungen mit großen Datenmengen immer umfangreicher unterstützt werden (denn Datenzugriff und Speicherung sind deutlich günstiger als früher).

Kunden kommunizieren über viele Kanäle gleichzeitig, ob über das Telefon, die Website, per E-Mail oder in sozialen Netzwerken. Theoretisch lassen sich alle diese Informationen über Kunden über alle diese Kanäle verknüpfen. Entscheidung beruht immer auf Erfahrung (da hat sich jemand hingesetzt und gesagt: wenn A dann B). Doch alle Entscheidungsregeln müssen auch analytisch getrieben sein. Nach Ansicht vieler Spezialisten am besten gleich durch selbstlernende Algorithmen. „Je mehr Daten allerdings ein Unternehmen sammeln will, desto komplizierter ist deren Aufbereitung. Jedes analytische Modell altert ab dem Zeitpunkt, ab dem man es verwendet, weswegen es beobachtet und quasi neu trainiert werden muss".

Analysen in Echtzeit sind weiter auf dem Vormarsch, es gibt eine sukzessive Bewegung weg von reinen Berichten hin zur Vorhersage. Zukunftsforscher propagieren eine neue industrielle Revolution, das Ende der Dummheit: Maschinen werden schlauer, können sich verändern und modernisieren. Und der Mensch: wird er in Zukunft mit seiner Gläsernheit zufrieden sein? Zukunftsforscher meinen ja: wenn es ihm nur genügend Vorteile bietet.

Checkliste Kunden:

Frage		JA	NEIN	
Wissen Sie genug über Ihre Zielgruppe				
o Alter ?	≡			
o Konsumgewohnheiten ?	≡			
o Einkommenstruktur ?	≡			
o	≡			
o	≡			
Sind Sie über Verschiebungen der Bedürfnisse Ihrer Kunden auf dem laufenden ?	≡			
Kennen Sie Produkte von Konkurrenten, die Ihre ersetzen könnten ?	≡			
Beobachten Sie laufend das Kaufverhalten Ihrer Kunden ?	≡			
Wissen Sie, bei welchen Kunden Sie ein gutes Image haben und bei welchen nicht ?	≡			
Ist Ihnen bekannt, welchen Kunden Sie den größten Nutzen bringen ?	≡			
Nach welchen Merkmalen unterscheiden sich Ihre Kunden ?	≡			
Wie hat sich Ihr jeweiliges Segment in den vergangenen Jahren entwickelt ?	≡			

Welchen Umsatz erwarten Sie je Segment ?	➡		
Mit welchen Kunden erzielen Sie die größten Deckungsbeiträge ?	➡		
Welche Kunden sprechen auf Ihre Werbung am besten an ?	➡		
Wie hoch ist der Anteil an Stammkunden ?	➡		

Checkliste Neukunden gewinnen und binden:

Frage		JA	NEIN
Verschicken Sie Probelieferungen an neue Kunden ?	➡		
Stechen Sie durch Beratung und Service hervor ?	➡		
Bereiten Sie Kundenbesuche optimal vor ?	➡		
Veranstalten Sie einen "Tag der offenen Tür" ?	➡		
Bieten Sie Garantieleistungen an ?	➡		
Nehmen Sie Kundenbeschwerden wirklich ernst ?	➡		
Geben Sie eine Kundenzeitung heraus ?	➡		
Führen Sie eine Kundenbefragung durch ?	➡		
Wie sieht Ihr "optimaler" Zielkunde aus ?	➡		

Um eine Prozessorganisation implementieren zu können, muss die Informationsstruktur so flexibel verändert werden, dass sie auch auf dynamische Veränderungen reagieren kann

Dabei interessiert die Geschäftsplanung mehr das Morgen und Übermorgen als das gestern Gewesene. Planungsinstrumente müssen aber richtig verstanden und eingesetzt werden: sie liefern nicht automatisch sichere Aussagen über eine unsichere Zukunft. Planung heißt auch nicht, in eine Kristallkugel zu sehen, sondern ist nicht zuletzt eine Projektion der Vergangenheit, die man verstehen muss, bevor man etwas voraussagen kann. Das Unternehmen muss seine spezifischen Geschäftsprozesse herausarbeiten. Dabei werden für das Gesamtunternehmen die Prozesse in Hauptprozesse und Teilprozesse unterteilt. Die einzelnen Prozesse werden in hierarchische Prozessebenen eingeteilt und so lokalisiert. Innerhalb dieser Prozesshierarchie müssen aufgrund der kritischen Erfolgsfaktoren entsprechende Prioritäten abgeleitet werden, d.h. aufgrund Fragen wie beispielsweise: wo tauchen Probleme auf? wie sieht der Kunde die Leistungsfähigkeit (beispielsweise hinsichtlich Qualität, Kosten)? wo bestehen gegenüber dem Wettbewerb offenkundige Leistungslücken? in welchen Bereichen sind die Durchlauf- und Prozesszeiten besonders hoch? in welchen Bereichen ist der Ressourceneinsatz besonders hoch/besonders gestiegen? Damit können diejenigen Prozesse ermittelt werden, für die jeweils die höchsten Verbesserungspotenziale zu erwarten sind. In der Architektur integrierter Informationssysteme können die Betrachtungssichten Funktionen, Daten, Prozesse und Organisation unterschieden werden.

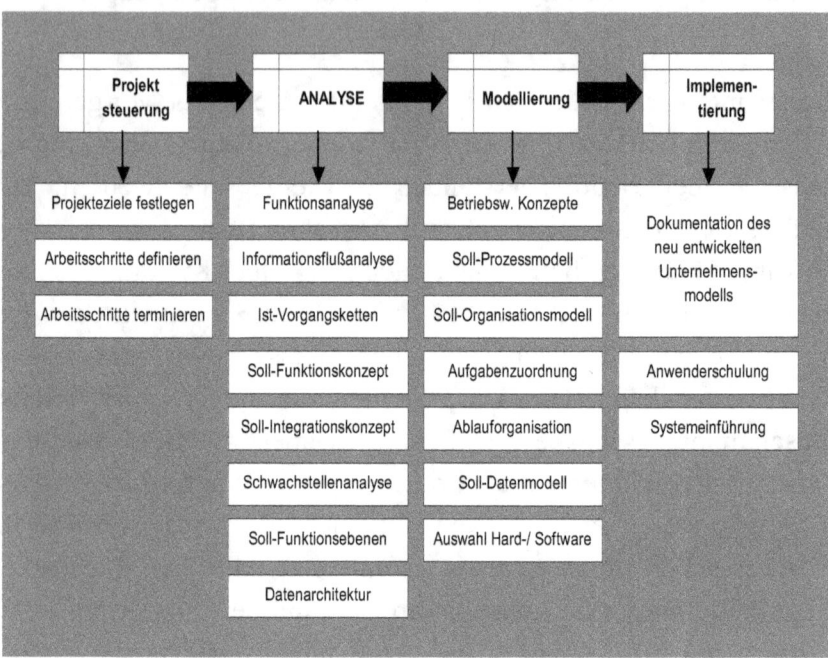

Beispiel Kernprozess Kundenaufträge: aufgrund der Ausrichtung auf mehr Kundenorientierung stehen Kundenaufträge im Mittelpunkt der zu definierenden Kernprozesse. Geschäftsprozesse sind u.a.: Auftrag abwickeln, Kundenangebot erstellen, Serviceleistung erbringen, neue Produkte entwickeln. Die wesentlichen Optimierungskriterien hierbei sind die Prozessdauer, Prozessqualität, Prozesskosten. D.h. einerseits sollen Kosten und Durchlaufzeiten der Prozesse verringert werden, andererseits sollen die Qualität der Unternehmensleistung und damit die Kundenzufriedenheit gesteigert werden.

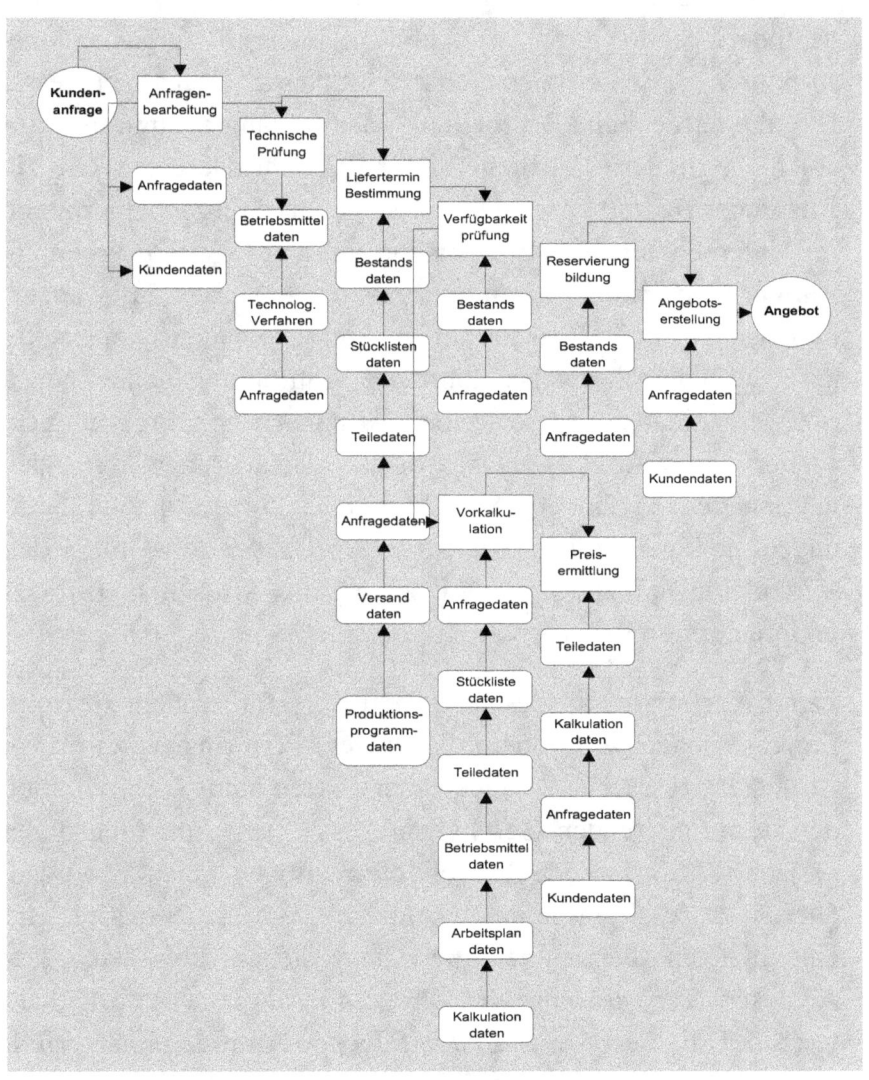

Der immer stärker werdende Wettbewerbsdruck zwingt viele Unternehmen, ihre Geschäftsprozesse durchgängiger und flexibler zu gestalten. Denn die traditionelle Arbeitsteilung behindert mit ihren funktionsorientierten Organisationsstrukturen oft den effizienteren Ablauf dieser Geschäftsprozesse. D.h. die tatsächliche Bearbeitung von Vorgängen nimmt oft nur einen geringen Bruchteil ihrer Gesamt-Durchlaufzeit in Anspruch. Da immer wieder Vorgänge nur an irgendeiner Stelle im Unternehmen herumliegen und auf ihre Weiterbearbeitung warten. Notwendige Veränderungsmaßnahmen verlaufen mehrdimensional und müssen auf mehreren Ebenen gleichzeitig ansetzen. Beispielsweise führt die Einführung einer neuen Software nicht zu einem reinen Austausch von Programmen, sondern ebenso zu nachhaltigen Veränderungen in den eingesetzten Methoden, Verfahren und Prozessen. Veränderungen gelingen nur als integrierter Prozess, d.h. für jeden Veränderungsprozess müssen zuvor die kritischen Erfolgsfaktoren ermittelt werden.

Langfristig optimale Geschäftsprozesse erfordern ein flexibles Prozessmanagement, indem die Prozess-Performance zu prüfen ist und Prozessverbesserungen umzusetzen sind. Die Evolution der zu optimierenden Geschäftsprozesse muss inhaltlich durch gesicherte, umfassende Prozessinformationen gelenkt werden. Diese Prozessinformationen müssen die Ist-Situation im Unternehmen derart detailliert und genau abbilden, dass Analysen zur Prüfung der Prozess-Performance ermöglicht werden. D.h. hierzu müssen u.a. folgende Anforderungen erfüllt werden: a) über den tatsächlichen Prozessablauf müssen gesicherte Informationen aufgezeichnet werden (beispielsweise zu Häufigkeiten, Durchlaufzeiten, Beteiligten, Rückfragen, Ausnahmen, Terminüberschreitungen u.a.), b) die Auswertbarkeit von laufenden Geschäftsprozessen muss gewährleistet sein, c) differenzierte Zeit- und Kosteninformationen (beispielsweise Liegezeiten, Dauer von Geschäftsprozessen u.a.) müssen verfügbar sein. Diese Informationen und darauf aufbauende Analysen bilden die Entscheidungsgrundlagen, um etwaige Prozessänderungen oder ein Prozess-Redesign auf betriebswirtschaftlicher Ebene zu initiieren bzw. Alternativen für diese zu erarbeiten und zu bewerten.

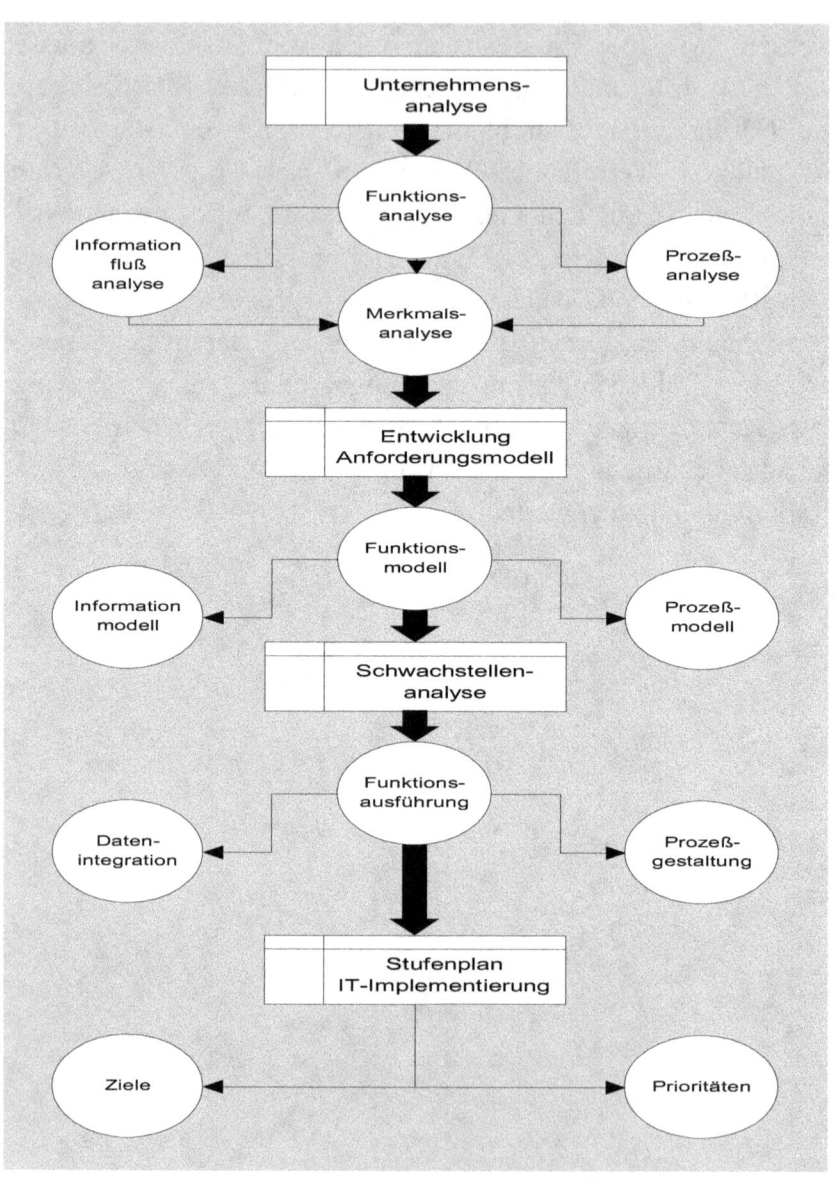

Checkliste:
Welche zentralen wertschöpfenden Prozesse beeinflussen den Geschäftserfolg?
Welches sind die zentralen Produkte/-gruppen oder Dienstleistungen, mit denen das Geld verdient wird?
Welche Hauptprozesse sind notwendig, um die Produkte/Leistungen zu erstellen, zu vermarkten?
Welches sind die wichtigsten Prozess-Kennzahlen?
Welche Prozesse verursachen die größten Schwierigkeiten?
Welche Prozesse führen zu Engpässen oder Wartezeiten?
Welche Prozesse verursachen Reklamationen?
Welche Prozesse wirken sich am stärksten auf die Kundenzufriedenheit aus?
Welche Prozesse haben das größte Einsparpotential?
Welche Prozesse bieten die größte Chance, erfolgreich geändert zu werden?
Welche Prozesse sind repräsentativ für weitere Prozesse?
Welche Prozesse ermöglichen das größte Verbesserungspotential bei weiteren Prozessen?
Wer ist der interne oder externe Kunde des Prozesses?
Welche Parameter sind für den Kunden des Prozesses am wichtigsten (Zeit, Kosten, Qualität)?
Welches Ergebnis liefert der Prozess?
Was am Prozess funktioniert gut, was eher schlecht?
Wie lange dauert der Prozess (oder einige Prozessschritte)?
Welche Kosten verursacht der Prozess?

Modelle sind nur Abstraktionen von der Realität, d.h. ihre Ergebnisse dürfen nicht verabsolutiert werden, sondern müssen laufend kritisch hinterfragt werden

Angesichts eines zunehmend turbulenter empfundenen Wettbewerbsumfeldes ist die Gültigkeitsdauer einst als langfristig eingestufter Strategien rapide abgeschmolzen. Ziel ist es, die Unternehmensziele und -strategien in ein konsistentes Bündel von Richtlinien und Maßnahmen umzusetzen. Der Vorteil eines Konzeptes wie das einer Wissensbilanz: es können messbare Indikatoren für Unternehmensziele definiert und damit eine wesentliche Voraussetzung für die interne Erfolgskontrolle geschaffen werden. Im Mittelpunkt steht die Zielverknüpfung hinweg über sämtliche Unternehmensbereiche. Risikomodelle liefern Informationen für die risikoorientierte Steuerung, machen aber die bewusste Entscheidung der Verantwortlichen nicht überflüssig: Modelle sind nur Abstraktionen von der Realität, d.h. ihre Ergebnisse dürfen nicht verabsolutiert werden, sondern müssen laufend kritisch hinterfragt werden. Sicht- und quantifizierbar gemachte Risiken werden eher bejaht als eine Zukunft, die im Dunkeln liegt. Wer Risiken und strategische Fehler bereits im Vorfeld erkennt, kann Krisen bereits im Vorfeld meistern. Dabei müssen auch „weiche" Einschätzungen -beispielsweise unter Zuhilfenahme einer Wissensbilanzbereitgestellt werden.

Planen heißt vorausschauen: die Geschäftsplanung interessiert mehr das Morgen und Übermorgen als das gestern Gewesene. Je genauer diese Prognosen sind, desto erfolgreicher werden die daraus abgeleiteten Schlüsse und damit das Geschäft sein. Planungsinstrumente müssen aber richtig verstanden und eingesetzt werden: sie liefern nicht automatisch sichere Aussagen über eine unsichere Zukunft. Planung heißt auch nicht, in eine Kristallkugel zu sehen, sondern ist nicht zuletzt eine Projektion der Vergangenheit, die man verstehen muss, bevor man etwas voraussagen kann. Planung als Vorausabwägen verschiedener Entscheidungsmöglichkeiten ist heute mehr denn je eine Wurzel des Geschäftserfolges. Manchmal wird einer Forderung danach der Einwand entgegen gehalten, dass eine präzise Form der Planung unmöglich sei, da niemand in die Zukunft schauen könne. Gerade aber weil diese ungewiss ist, müssen die Maßnahmenplanungen konkret gesetzt werden, um über notwendige Orientierungsmarken für grundsätzliche Entscheidungen verfügen zu können. Neben „harten" quantitativen Daten müssen für die Geschäftsplanung auch sogenannte „weiche" qualitative Einschätzungen -beispielsweise unter Zuhilfenahme einer Wissensbilanz- bereitgestellt werden.

Gleichgewicht zwischen „Denkbarem" und „Machbarem": dazu regt eine Wissensbilanz immer wieder auf ein Neues dazu an, niemals das Ganze aus dem Blickfeld zu verlieren und jede Maßnahme über ihre gesamte Wirkungskette hinweg eng mit allen sie umgebenden Einflussfaktoren zu vernetzen und eng zu überwachen. Die Gefahr, das Unternehmen an den Marktrealitäten vorbei zu steuern besteht immer dann, wenn die Reaktionszeiten zu lang und die Planungs-Werkzeuge zu sehr auf die Fortschreibung der Vergangenheit statt auf die

Beherrschung der Zukunft ausgerichtet sind. D.h. erfolgreiche Strategien erwachsen nicht aus einer Projektion der Vergangenheit in die Zukunft, sondern aus der Entwicklung der zukünftigen Position des Unternehmens und aus der Beschreibung des dorthin führenden Weges. Dabei müssen die planungsrelevanten Sachverhalte zu einem umfassenden Geschäftsmodell gebündelt werden. Für die Geschäftsplanung müssen die Werkzeuge so ausgerichtet werden, dass sie ein Gleichgewicht zwischen einerseits dem „Denkbaren" und andererseits dem „Machbaren" herstellen.

Szenarioanalyse für eine datenmäßig ungewisse Zukunft: es geht darum, Bilder einer möglichen, datenmäßig vielfach noch ungewissen Zukunft abzubilden. Die Namensgebung für Szenariotechniken erfolgte in Anlehnung an die Szenenbeschreibungen in Filmdrehbüchern: ein Szenario ist die Beschreibung einer vorstellbaren zukünftigen Situation. Wer in diesem Umfeld unternehmensinterne und -externe Informationen schneller generieren und sie für strategische und operative Entscheidungen und Prozesse nutzen kann, kann hieraus am sichersten Wettbewerbsvorteile schöpfen. Aus der Sicht des Unternehmens stellen sich diese Risiken umso komplexer dar, da sie quasi zeitgleich wirksam werden, sich wechselseitig beeinflussen und sich in ihrer Wirkung teils auch gegenseitig verstärken/beeinträchtigen können. Mit einer Risikoanalyse werden Szenarien Eintrittswahrscheinlichkeiten zugeordnet.

In der ganz weiten Zukunftsferne wird nahezu alles möglich: Ziel der Szenariotechnik ist es, auf ökonomische Problematiken übertragen, ebenfalls Bilder einer möglichen Zukunft darzustellen. Von der Gegenwart ausgehend werden in einer Lageanalyse Wahrscheinlichkeitsgrade ermittelt, nach denen sich sowohl interne als auch externe Einflussfaktoren innerhalb der nächsten Zeit verändern werden. Es wird ein Entwicklungsverlauf aufgezeigt, der zu einer bestimmten Zukunftssituation führt: jeweils unter der Annahme, dass die Einflüsse heute geltender Tatbestände (Gesetze, Technik, Kundenverhalten) mit fortschreitender Zukunft immer mehr abnehmen werden. Während in den Strukturen der Gegenwart Störereignisse meist noch keine Rolle spielen, nehmen mit zunehmender Erweiterung dieses Zukunfts-/Zeittrichters gleichzeitig die Ungewissheit von Informationen und damit auch die Unsicherheit hinsichtlich des Eintreffens von Voraussagen zu: in der ganz weiten Zukunftsferne wird nahezu alles möglich. Die wirkliche Entwicklung wird sich zwischen den Randpunkten des Möglichkeitsraumes, d.h. zwischen optimistischen und pessimistischen Extremszenarien liegen, einstellen. Als zweites könnte deshalb ein wahrscheinliches Szenario als Trendverlängerung der heutigen Sicht fortge-schrieben werden. Zur Abrundung sollte dann noch mindestens ein Szenario mit möglichen Störereignissen für ein neues Zukunftsbild aufgenommen werden. Je umfassender sich das Unternehmen mit diesen möglichen Informationsszenarien auseinandersetzt, desto größer ist der zu erwartende Nutzen für die Meinungsbildung hinsichtlich zukünftiger Potenziale.

Zusammenhang zwischen strategischen Zielen und Aktionen- mit Hilfe eindeutiger Indikatoren können Unternehmen ihre Ziele und Aktivitäten überwachen: im Sinne eines Feedback-Systems, das die Umsetzung von unternehmensweiten Strategien in gezielte Aktionen steuert. Die Indikatoren werden auf der Basis vergangener Performance-Daten definiert und sind damit Referenzdaten für aktuelle Performance-Messungen

Die Bedeutung von Strategien für den Unternehmenserfolg ist unbestritten, vielfach wird aber ein Instrument vermisst, mit dem man Strategie und Aktion zusammen verbinden kann. Allgemein verfasste Grundsatz- und Strategiepapiere haben zwar ihre Berechtigung, um gemeinsame Ideen, Vorstellungen und Stoßrichtungen zu dokumentieren, sind aber oft zu wenig konkret und damit auch zu wenig objektiv nachprüfbar. Der Zusammenhang zwischen Zielen und strategischen Aktionen sowie deren Priorisierung bleiben oft unklar, d.h. erst ein umfassendes Konzept wie u.a. das der Wissensbilanz unterstützt die Darstellung auch von dynamischen Wirkungsbeziehungen hinsichtlich der eng miteinander verknüpften strategischen Ziele und zwar: mit den diesen entsprechenden Messgrößen, Zielwerten und strategischen Aktionen. Angesichts eines zunehmend turbulenter empfundenen Wettbewerbsumfeldes ist die Gültigkeitsdauer einst als langfristig eingestufter Strategien rapide abgeschmolzen. In Branchen mit hohen Veränderungsgeschwindigkeiten könnte sich die „Halbwertzeit" von Strategien mittlerweile auf 1-2 Jahre verkürzt haben. Bei häufigeren sowie auch schnelleren Strategiewechseln ist es besonders wichtig, dass das Unternehmen neben der Kompetenz über ein effektives Instrumentarium verfügen kann, mit dessen Hilfe sich Strategien schnell und effektiv umsetzen lassen.

Wissensbilanzen unterstützen konsistente Maßnahmenpakete: Ziel ist es, die Unternehmensziele und -strategien in ein konsistentes Bündel von Richtlinien und Maßnahmen umzu-setzen. Die Maßnahmen des Unternehmens orientieren sich normalerweise an vier verschiedenen Perspektiven: die erste ist der finanzielle Aspekt, anhand dieser Daten kann die bisherige Performance gemessen werden. Drei weitere Aspekte sind auf die künftige Unternehmensleistung ausgerichtet: Kundenfokus, Geschäftsprozesse sowie Lernen und Wachstum der Firma. Der Vorteil eines Konzeptes wie das der Wissensbilanz: es können messbare Indikatoren für Unternehmensziele definiert und damit eine wesentliche Voraussetzung für die interne Erfolgskontrolle geschaffen werden. Mit Hilfe eindeutiger Indikatoren können Unternehmen ihre Ziele und Aktivitäten überwachen: im Sinne eines Feedback-Systems, das die Umsetzung von unternehmensweiten Strategien in gezielte Aktionen steuert. Die Indikatoren werden auf der Basis vergangener Performance-Daten definiert und sind damit Referenzdaten für aktuelle Performance-Messungen. Im Mittelpunkt steht die Zielverknüpfung hinweg über sämtliche Unternehmensbereiche.

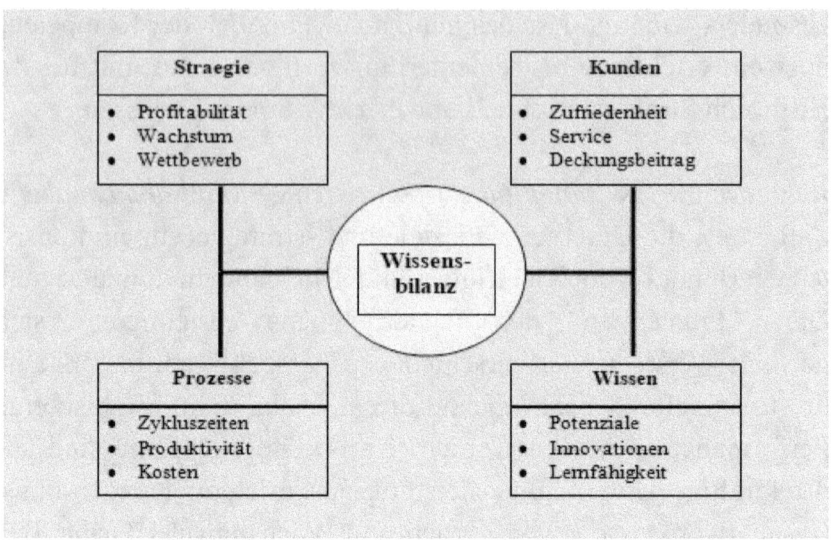

Dabei sind einzelne Komponenten zunächst nichts grundlegend Neues. Die eigentlich Wissensbilanz entfaltet sich erst aus der Verknüpfung dieser Ansätze sowie aus der Fähigkeit zur Ingangsetzung und Förderung der strategischen Kommunikationsprozesse: sie erhöht die Transparenz in der Darstellung des Unternehmens, wie hierbei die ganze Komplexität des Betriebsgeschehens erfasst und auf die entscheidungsrelevanten Aspekte komprimiert wird, wie Visionen und die daraus abgeleiteten strategischen Ziele messbar gemacht werden, und wie diese strategischen Ziele kommuniziert und im Unternehmensalltag des Budgets verankert werden.

Unausgewogenes möglichst vermeiden: Probleme bei der Umsetzung von Strategien können nicht zuletzt auch dadurch entstehen, dass eine Strategie so unklar formuliert ist, dass die für die Umsetzung Verantwortlichen nicht immer genau wissen, was überhaupt umgesetzt werden soll. Damit eine Strategie die durch sie erwünschten und erhofften Veränderungen aber überhaupt auslösen kann, muss sie auch nachvollziehbar an diejenigen kommuniziert werden, die sie umsetzen müssen. Grundsätzlich lässt sich der Ansatz auch dadurch kennzeichnen, dass er unterschiedliche Perspektiven nicht nur berücksichtigt, sondern sich auch mit diesen sehr konkret auseinandersetzt. Durch das Denken in solchen Kategorien sollen mögliche Unausgewogenheiten weitgehend vermieden werden. Man will ein Gleichgewicht auch mit nichtfinanziellen Ziel- und Steuerungsgrößen erreichen. Dahinter steht die sinnvolle Einsicht, dass die Erreichung finanzieller Ziele letztlich immer nur bei ganzheitlicher Sichtweise möglich ist.

Die einzelnen Elemente einer Wissensbilanz stehen nicht voneinander losgelöst mehr oder weniger lose nebeneinander, sondern sollen demgegenüber eine in sich geschlossene Geschäftslogik des Unternehmens abbilden: Ebenso wie die Strategieziele zu den zentralen Erfolgsparametern des Unternehmens zählen, sind es erst die Kunden, die die Produkte des Unternehmens kaufen und damit für entsprechende Erlöse sorgen. Strategie- und Kundenziele ihrerseits hängen eng mit den Arbeitsweisen und Geschäftsabläufen im Unternehmen, d.h. den Prozesszielen zusammen. In der Logik dieses Gesamtsystems spielen schließlich auch die Potenziale des Unternehmens, d.h. seine Innovationskraft, Mitarbeiter u.a. als

Potenzialziele, eine entscheidende Rolle. Diese Einteilung muss nicht unbedingt immer zwingend sein, sondern kann durchaus noch um weitere, für das Unternehmen und dessen Strategien wichtige Perspektiven, wie beispielsweise etwa die Lieferanten-Perspektive, Kreditgeber-Perspektive, Öffentliche Perspektive, u.a. ergänzt und ausgebaut werden. Vgl. hierzu auch Konzept der Balanced Scorecard, mit dem eine Reihe von Schnittstellen oder vielleicht sogar Überschneidungen bestehen könnten:

Parallelen zum Konzept der Balanced Scorecard:

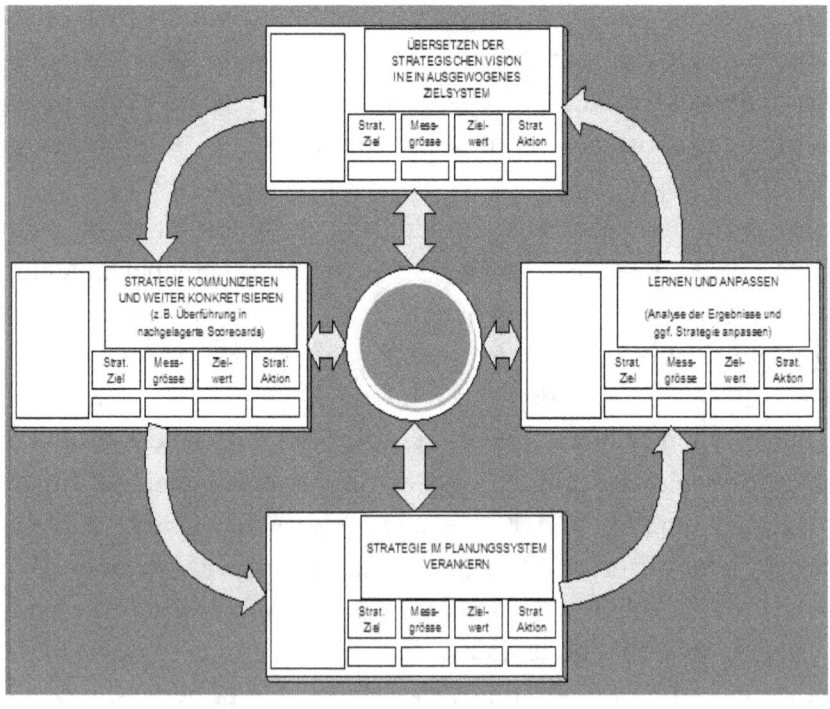

Denn auch die Balance Scorecard ist nicht nur ein Kennzahlen-Tableau, sondern sie soll darüber hinaus konkret vermitteln, wie die strategischen Ziele sowohl mit der Vision des Unternehmens als auch untereinander zusammenhängen und wie sie praktisch umzusetzen sind. Der volle Erfolg des Instruments stellt sich erst durch die Verknüpfung mit den wesentlichen Geschäftsprozessen ein.

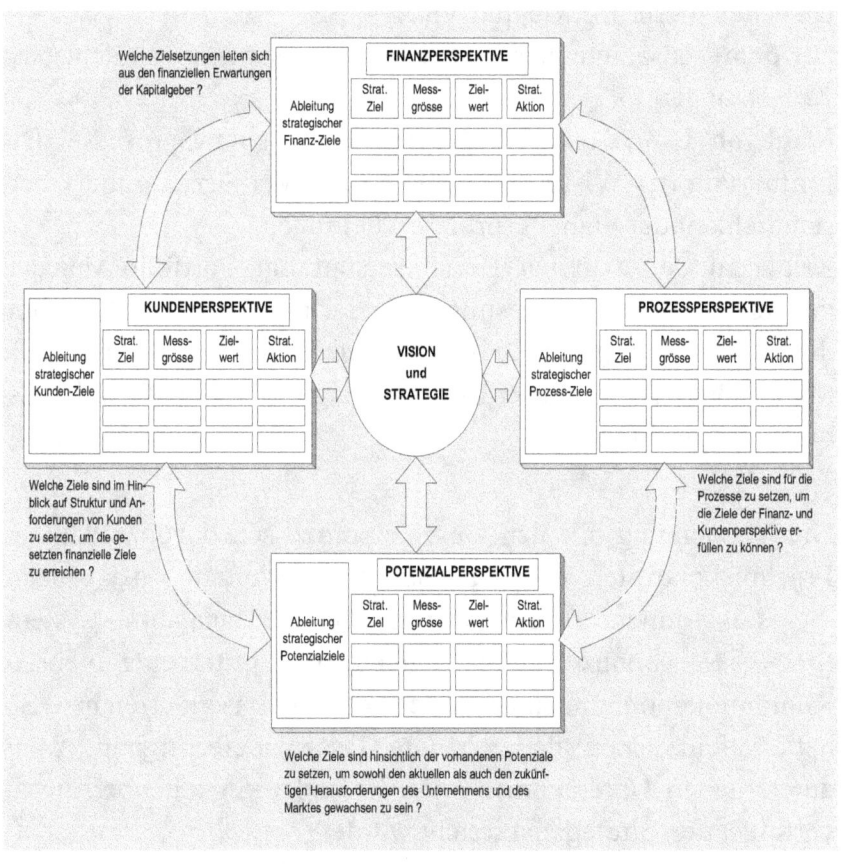

Gründe für ein Konzept der Wissensbilanz:
Kritik an den klassischen Messgrößensystemen, d.h. Steuerungskennzahlen aus dem Rechnungswesen dominieren gegenüber kundenfokussierten, nicht-finanziellen Steuerungsgrößen
Kritik an Steuerungsrelevanz des Berichtswesens, d.h. Detaildaten bezügl. Rendite, Umsatz, Kosten, Marktanteil u.a. liefern zu wenig entscheidungsrelevante Führungsinformationen zu den Ursachen dieser Entwicklungen,
zu dem Zusammenhang mit der Umsetzung strategischer Zielsetzungen.
Kritik an Länge und Transparenz der Planungsprozesse. Die Einführung der Wissensbilanz kann zur Verkürzung und Übersichtlichkeit der Planungsprozesse beitragen,
Kritik an der externen Berichterstattung: Portfolio-Manager verwenden für ihre Investment- und Desinvestment- Entscheidungen in immer stärkeren Maß auch nicht-finanzielle Meßgrößen. Auch dieser Anforderung kommt eine Wissensbilanz entgegen.

Die Verzahnung mit den Geschäftsprozessen bezügl. Planung, Ergebniskontrolle, erfolgsbezogener Vergütung u.a. macht dieses Instrument zu einem strategischen Managementsystem. Eine Wissensbilanz bedeutet zugleich auch immer eine intensive Kommunikation, um einen strategischen Fokus zu erreichen. Sie hätte allein schon dadurch ihre Daseinsberechtigung, wenn durch sie im Unternehmen Klarheit und Einigkeit über die zu verfolgenden Strategien erreicht würde.

In der drei nachfolgenden Grafik wird ein Gesamtprofil von (angenommenen) Wissensfaktoren aufgezeichnet. Die Balkenbündel von links nach rechts stehen der Reihe nach für Prozesse, Erfolgs-, Human, Struktur- und Beziehungsfaktoren. Innerhalb der Grafik werden Abstufungen nach roten, gelben, grünen und roten Ampel-Bereichen aufgezeichnet:

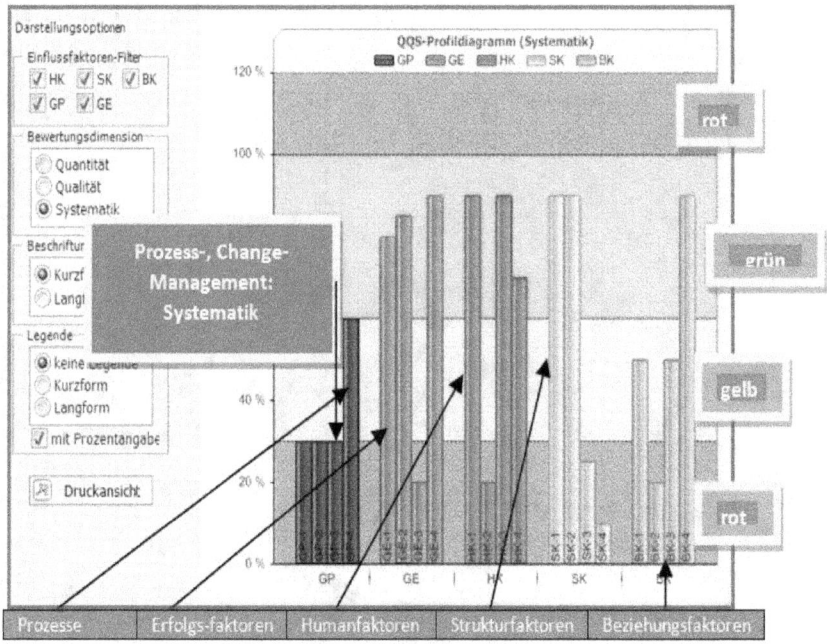

Einbindung im Wissensbilanz-Portfolio: zwar hat man es in der Wissensbilanz vorwiegend mit qualitativen, manchmal als „weich" abqualifizierten Faktoren zu tun. Größere Akzeptanz und Glaubwürdigkeit wird vielfach nur solchen Faktoren beigemessen, die Cent-genau gemessen werden können (z.B. Umsatz, Gewinn, Verlust). Mit der Wissensbilanz wurde angestrebt, diese beiden Werthaltungen miteinander zu verbinden, indem auch für sogenannten „weiche" Wissensfaktoren Darstellungsformen gewählt wurden, wie sie in Planungs- und Managementsystemen üblich sind. Die Wissensbilanz unternimmt deshalb mögliche Anstrengungen, um sich in das Management-Berichtswesen zu integrieren und bietet hierfür u.a. auch Portfolio-Instrumente an. In den nachfolgenden Grafiken werden deshalb alle Wissensfaktoren im Rahmen einer 4-Felder-Matrix aufgezeichnet:

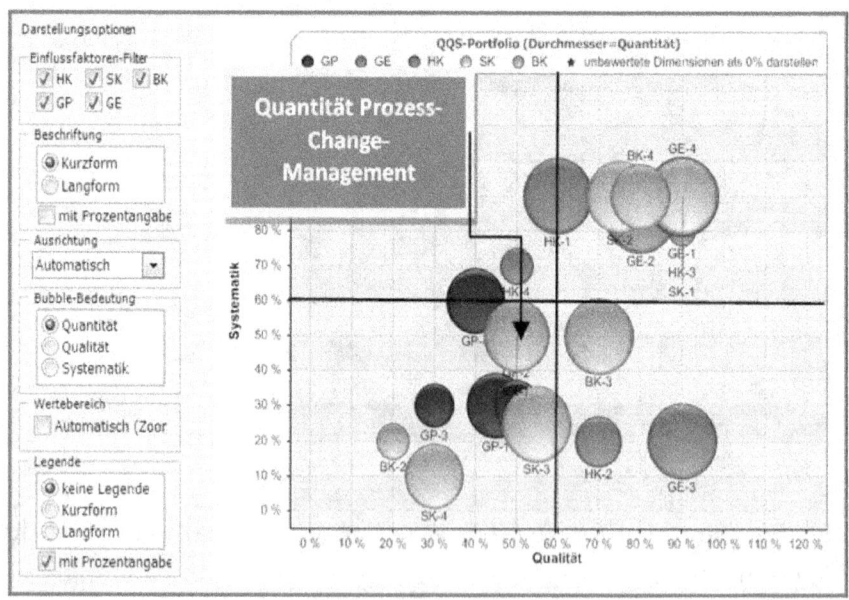

Die Größe des Bubbles zeigt die *Quantität* der Faktorengruppe an.

Lage des Bubbles im *1. Quadranten oben rechts*: die Faktor-Merkmale Qualität und Systematik sind gut ausgeprägt.

Lage des Bubbles im *2. Quadranten oben links*: für das Faktor-Merkmal Qualität besteht noch Verbesserungspotential.

Lage des Bubbles im *3. Quadranten unten links*: für die Faktor-Merkmale Qualität und Systematik besteht noch Verbesserungspotential.

Lage des Bubbles im *4. Quadranten unten rechts*: für das Merkmal Systematik besteht noch Verbesserungspotential.

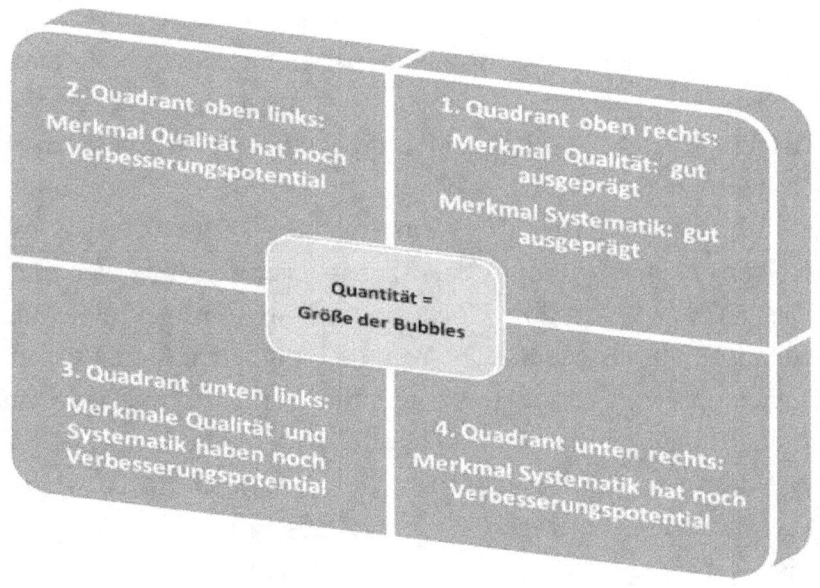

Wissensmanagement des Risikos - oft sind es gerade jene außerhalb des Unternehmens liegenden Risikoeinflüsse wie beispielsweise wirtschaftspolitische, sozialpolitische, soziologische und demographische Daten, die neben dem internen Erfolgspotenzial den Gesamterfolg und den eigentlich vorhandenen Handlungsspielraum wesentlich mitbestimmen

Relevante Risikofelder sind u.a.: geopolitische Krisen, Bedrohungen aus der Cyberwelt, großflächige wirtschaftliche Veränderungen, volatile Märkte, Überalterung der Gesellschaft, wachsende Vernetzung, geographische Mobilität, finanzielle Risiken, operationale Risiken (z.B. Ausfall Lieferanten, Gewährleistungsverpflichtungen), verschärfte Regulierungen, neue Gesetzgebungen, Reputationsrisiken oder Naturkatastrophen. Das richtige Management strategischer und externer Risiken, bietet Möglichkeiten, potentielle Bedrohungen in Chancen zu transferieren. Dafür muss im Vorfeld ermittelt werden, welche Risiken entstehen können, mit welchen Folgen (Kosten) in einem Worst-Case-Szenario gerechnet werden muss. Aber auch, wie groß die Chancen sind, angestrebter Ziele auch weiterhin zu erreichen. D.h. in den täglichen Ablauf sollte eingebettet sein, Risiken zu identifizieren, zu managen und darauf reagieren zu können. Hierfür können Erfahrungswerten (z.B. von anderen Unternehmen) nicht einfach auf das eigene Unternehmen übertragen werden.: „es gibt nicht die eine Lösung, die quasi standardisiert in jedem beliebigen Unternehmen implementiert werden kann. Vielmehr spielen harte Faktoren wie zum Beispiel das jeweilige Geschäftsmodell, die

Geographie der Absatzmärkte, die Standorte der Produktionsstätten" eine wichtige Rolle. Je nach Unternehmenskultur werden selbst für gleiche Risikoprofile manchmal ganz unterschiedliche Antworten gefunden werden (müssen).

Kritische Risikoschwellen: Risiko-Unterscheidungsmerkmale sind beispielsweise: interne vs externe Risiken, potentielle/ verdeckt vorhandene vs aktuelle/offen zutage tretende Risiken, beeinflussbare vs nicht beeinflussbare Risiken. Oft sind es gerade jene außerhalb des Unternehmens liegende Risikoeinflüsse wie beispielsweise wirtschaftspolitische, sozialpolitische, soziologische und demographische Daten, die neben dem internen Erfolgspotenzial den Gesamterfolg wesentlich mitbestimmen und den eigentlich vorhandenen Handlungs-spielraum festlegen. Mit Hilfe von Risikoanalysen sollen vorausblickende Sicherheitskonzepte entwickelt werden. Das Konzept hierfür lautet: Risiken erkennen, Ursachen und Wahr-scheinlichkeiten bewerten, Sicherheitsinstrumente planen, Kosten-/Nutzen analysieren.

Analyse der kritischen Risikoschwellen:

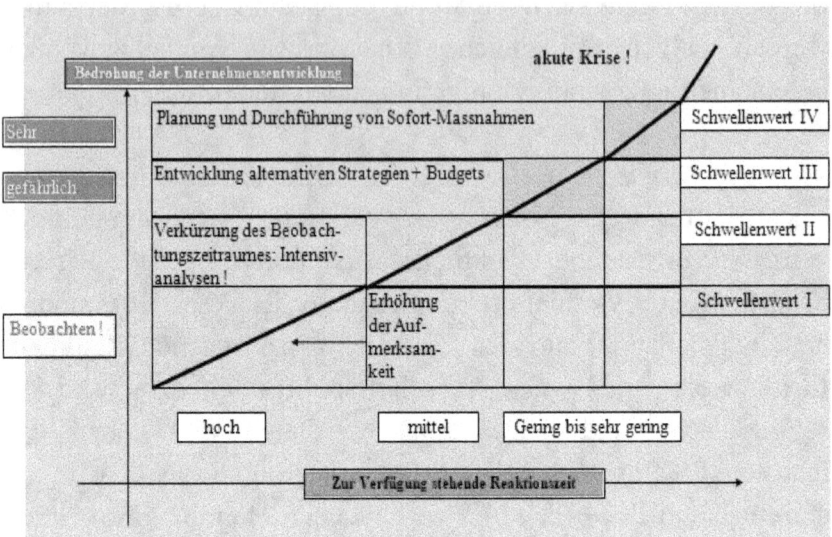

Risikoneigung und Werteprofil: es geht um Risikobewusstmachung bei allen Entscheidungen und Handlungen. Je nach Unternehmensphilosophie müssen möglichst die vorhandenen Wertstellungsprofile und Risikoneigungen der Entscheidungsträger erfasst werden: die Extrempunkte bilden einerseits risikofreudige sowie andererseits risikoscheue Einstellungen. Beeinflusst werden diese u.U. durch die sich als Gegenpol bietenden Chancenprofile. Ausgelotet werden muss, ob und wo unter Umständen Unsicherheiten im Datenkranz der Planung liegen bzw. welcher Art diese Risiken sind. Dabei geht es auch um die Möglichkeiten zur Quantifizierung der einzelnen Risiken: obwohl fast immer eine

Vorstellung existiert, was risikobehaftet ist, ist es ungleich schwieriger, dieses Risikobewusstsein im Detail mit konkreten, quantitativen Daten zu operationalisieren. Ziele hierfür sind:
Erkennen von Gefahren, die durch Strategieanpassungen zu vermeiden sind oder umgangen werden können,
Herausfiltern von strategischen Schlüsselproblemen,
Informationsbeschaffung zur Segmentierung von strategischen Geschäftseinheiten

Wenn Krisen eines lehren, dann dies: man sollte tunlichst alles in seiner Macht stehende unternehmen, um bereits ihren Wurzeln das Wasser abzugraben. Für eine Krise gibt es selten nur einen Grund, sondern meistens viele Ursachen. Ebenso wenig ist für eine Krise immer nur ein, vielleicht auch noch mehr oder weniger anonymes System (beispielsweise zügelloser Kapitalismus, die Gier oder ein Ordnungs- und Regelsystem) verantwortlich. An Krisen sind immer Personen beteiligt, zu nicht geringen Anteilen werden sie von diesen auch erst gemacht. Die besten ausgeklügelten Entscheidungstechniken nutzen wenig, wenn die, die sie anwenden, nicht über die erforderlichen Personalfaktoren und -eigenschaften verfügen. Vor diesem Hintergrund wird versucht, eine begehbare Brücke zwischen Entscheidertechniken und -eigenschaften (Personalfaktoren) zu finden.

Markt- und Geschäftsrisiken:

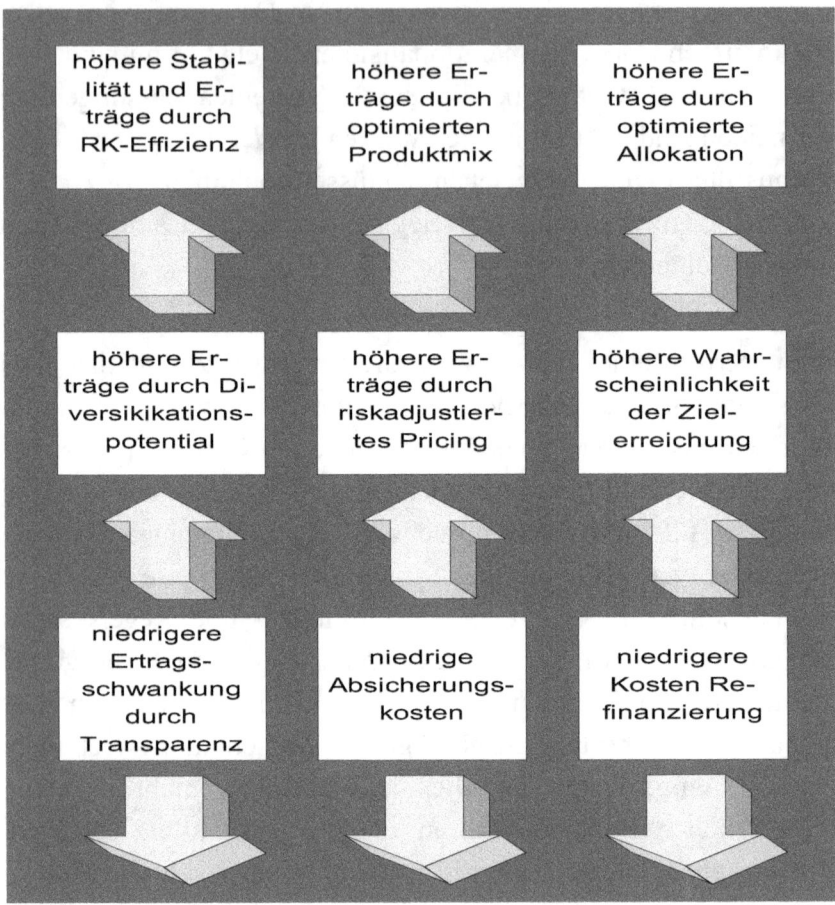

Beispielsweise setzt ein Finanzdienstleister mathematisch-statistische Scoring-Verfahren zur Kreditwürdigkeitsprüfung ein. Damit konnten gleichzeitig Erkenntnisse zur risikobewussten Steuerung des Neugeschäfts herausgefiltert werden.

Verknüpfung von Bonitätsbeurteilung und Ausfallrisiko:

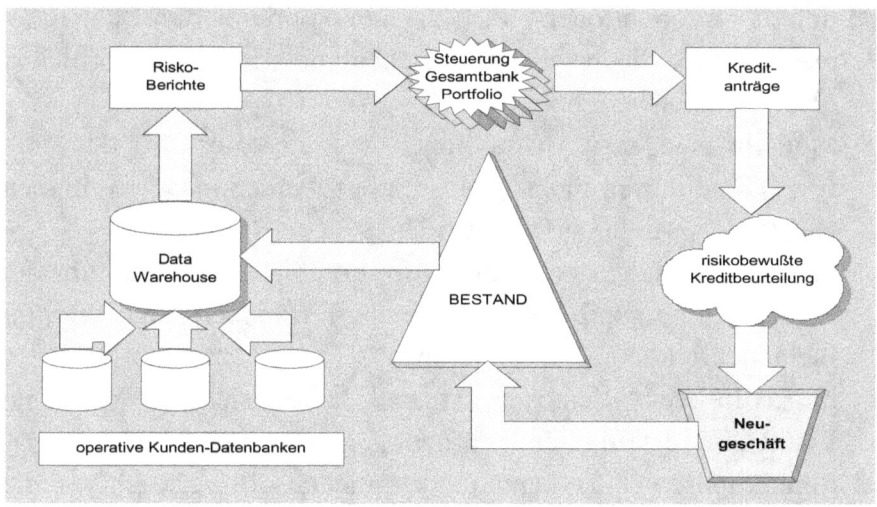

Ablauf zur Bestimmung des Kreditrisikos:

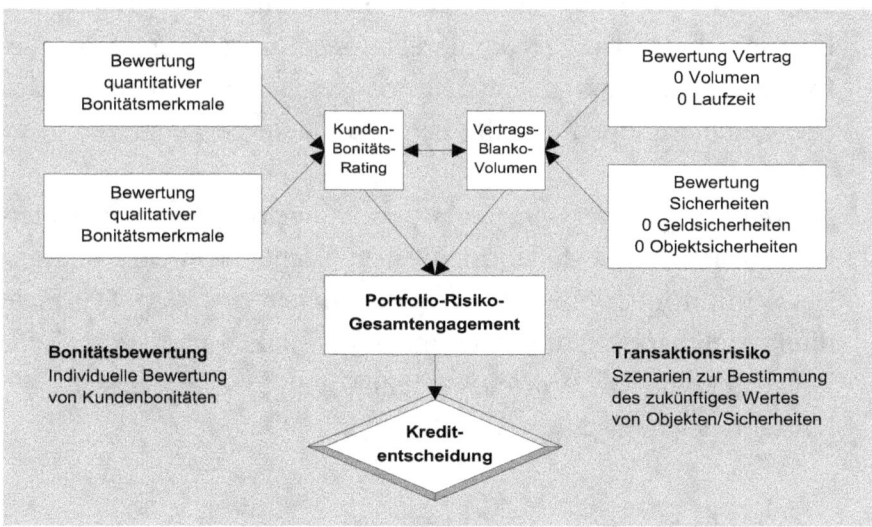

Risikomodelle ersetzen keine Entscheidungen: Risikomodelle liefern Informationen für die risikoorientierte Steuerung, machen aber die bewusste Entscheidung der Verantwortlichen nicht überflüssig, d.h.:
Modelle sind nur Abstraktionen von der Realität, d.h. ihre Ergebnisse dürfen nicht verabsolutiert werden, sondern müssen laufend kritisch hinterfragt werden.
Modelle erlauben es, die oft komplizierte Struktur der Risikofaktoren und deren erhobene Zusammenhänge und ihr Ineinanderwirken zu analysieren,
mit Hilfe von Risikosimulationen lassen sich Chancen und Risiken in detaillierten Profilen gegeneinander abwägen: das Simulationsergebnis kann jedoch niemals besser sein als die Analyse, Bewertung und Quantifizierung der zugrunde liegenden Einzelrisiken.
Die Risikoanalyse kann als vorgeschaltete gedankliche Drehscheibe den Kommunikationsprozess untereinander fördern: sicht- und quantifizierbar gemachte Risiken werden eher bejaht als eine Zukunft, die im Dunkeln liegt.

Strategische Fehler möglichst im Vorfeld erkennen: Unternehmensrisiken entstehen nicht über Nacht: vielmehr kündigen sie sich mit mehr oder weniger zahlreichen und zum Teil nicht direkt sichtbaren Symptomen an. Wer Risiken und strategische Fehler bereits im Vorfeld erkennt, kann Krisen bereits im Vorfeld meistern.

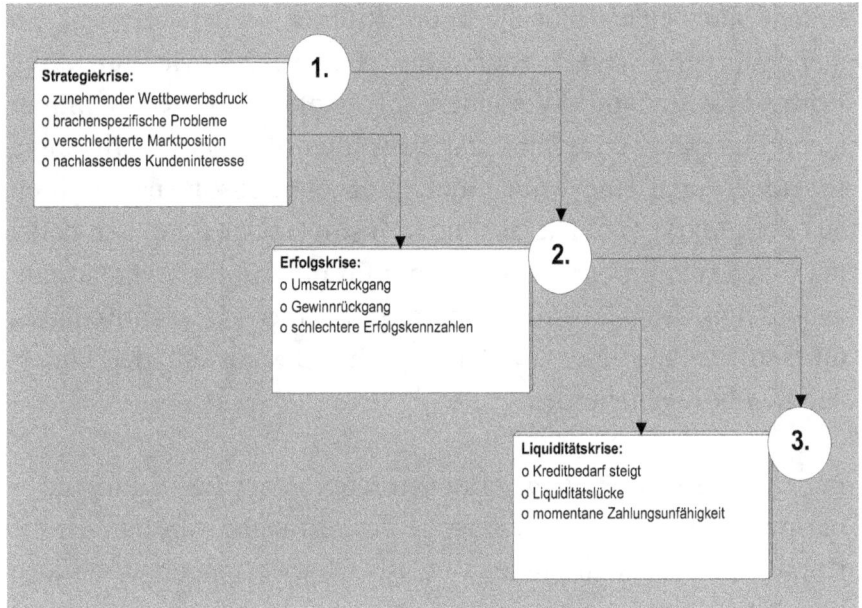

Es kommt darauf an, bereits die Strategiekrise als erste Stufe einer aufziehenden Schieflage: zunehmender Wettbewerbsdruck, Veränderung der Marktposition, nachlassendes Kundeninteresse u.a.- rechtzeitig zu identifizieren. Oft liegen zwischen dem Erkennen einer Krise und dem Konkurs der Firma nur wenige Wochen, d.h. wird eine Krise erst im späten Stadium der Liquiditätskrise erkannt, ist eine Rettung des betroffenen Unternehmens oft nicht mehr möglich.

Gerade „weiche" Gefährdungsfaktoren spielen eine Rolle: die Insolvenzgefährdung eines Unternehmens wird durch verschiedene Faktoren bestimmt. Zwar lassen sich Insolvenzen nur sehr selten auf eine Ursache zurückführen, dennoch ist ein maßgeblicher Faktor auf die Insolvenzentwicklung die Ertragslage und ihre Veränderung. Insolvenzen stellen immer einen Ausnahmetatbestand dar. Vor allem kleine Unternehmen scheiden durch eine stille Liquidation ohne Insolvenzverfahren aus dem Markt aus. Die absoluten Insolvenzahlen können dabei nur einen sehr groben Anhaltspunkt für die Insolvenzgefährdung geben: um das Gefährdungspotenzial näher zu quantifizieren, müssen die absoluten Zahlen auf die Gesamtzahl der Unternehmen bezogen werden.

Für die Früherkennung erlangen sog. „weiche Faktoren" - beispielsweise Auftragseingang der Branche, Inflationsrate, Kundenzufriedenheits-Index, Cash Flow, innerbetriebliche Krankheits- und Fluktuationsquote- eine zunehmende Bedeutung. Bilanz und BWA liefern nur vergangenheitsbezogene Daten. Daraus nicht ableiten lassen sich u.a. Trends und Innovationen, die sich nicht im Produkt- oder Dienstleistungsangebot des Unternehmens wiederfinden und damit wichtige Signale einer aufziehenden Krise sein können. Neben vergangenheitsbezogenen Finanzzahlen wichtig sind u.a. Daten zu Alter des Maschinenparks, Ausfallzeiten, Reparaturkosten, F+E-Kosten im Vergleich zur Konkurrenz oder Patentanmeldungen.

Früherkennung als Potenzial nutzen:

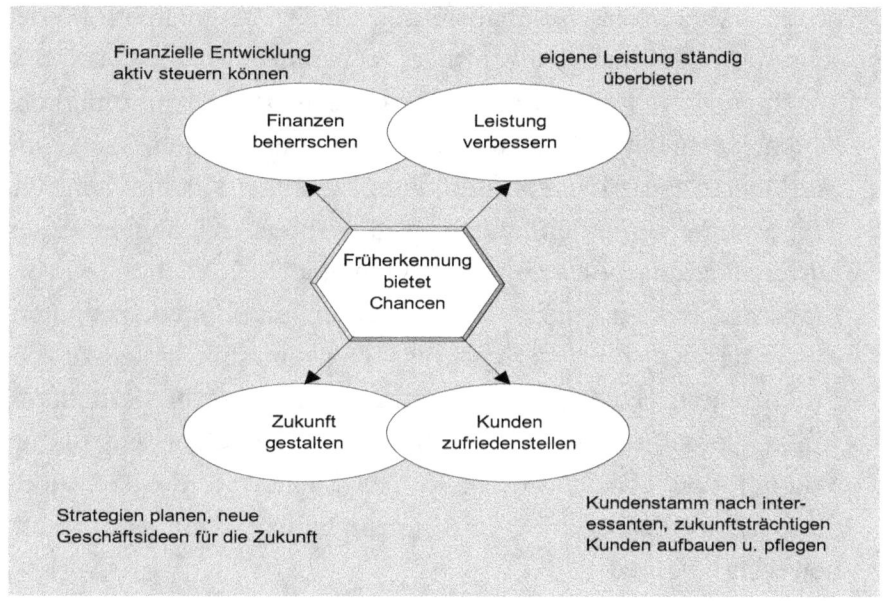

Auf Sensoren und deren Signale achten: die immer mehr zunehmende Dynamik der Märkte verstärkt gleichzeitig den Druck auf eine perspektivisch ausgerichtete Planungsbasis. Es geht darum sich schneller als die Konkurrenz auf das zukünftige Umfeld einstellen zu können, d.h. in Zeiten des schnellen Wandels wird Früherkennung/-warnung immer mehr zum Königsweg: Gefahren und Risiken werden dadurch aufgespürt, bevor sie für das Unternehmen bedrohliche Folgen zeigen, Gelegenheiten/Potenziale können erfasst werden, bevor sie verlorengehen. Frühwarnsignale aus dem Markt sind: Zersplitterung des Marktes, Abnahme des Marktes aufgrund

Substitutionstendenzen, Vergrößerung des Marktes aufgrund neuer Abnehmer, Globalisierung u.a., stagnierende oder schrumpfende Mengennachfrage, abnehmende Preiselastizität, zunehmender Importdruck, verschlechterte Exportmöglichkeiten, absinkende Eintrittsbarrieren für Newcomer, steigende Marktaustrittsbarrieren aufgrund zunehmender Kapitalintensität, Trend zur Vereinheitlichung von Produkten; abnehmendes Differenzierungspotenzial, abnehmende Kundentreue bei Markenprodukten, mehr Wettbewerber und Überkapazitäten, Zunahme des Preiswettbewerbs, Konzentrationsprozesse bei Produzenten, Handel u.a.. Nachfragekonzentration (z.B. durch Einkaufsorganisationen), Veränderung der Kundenstruktur, Wegfall von Handelsstufen, immer kleiner werdende Marktnischen werden von einer zunehmenden Zahl von Wettbewerbern besetzt.

Bei Trendwenden offensiv agieren: Gewinn ist immer auch eng mit Risiko verknüpft, d.h. ganz ohne Risiko gibt es auch keinen Gewinn. Der Kampf gegen das Risiko wird wesentlich vom vorhandenen Entscheidungsvermögen, d.h. Entscheidungstechniken als Denkhilfen, bestimmt. Es gilt Murphys Gesetz von der Böswilligkeit des Zufalls: nicht entscheiden heißt, den Zufall entscheiden zu lassen. Und der ist meist nicht kreativ, aber oft missgünstig. Der Zufall mag Entscheidungen abnehmen, aber die Folgen gehen immer ganz zu Lasten des Nicht-Entscheiders. D.h. Erfolg = Summe richtiger Entscheidungen! Das Unternehmen braucht ein radarähnliches System, welches Störgrößen frühzeitig signalisiert. Je weniger Zeit verbleibt, desto geringer der Spielraum für Gegenmaßnahmen, d.h. es ist günstiger den zu erwartenden Wandel offensiv anzugehen anstatt unter Druck externer Störereignisse nur noch reagieren zu können. Der Zweck für den Einsatz von Frühwarntools: Trendwenden nicht erst dann bemerken, wenn diese entstanden sind.

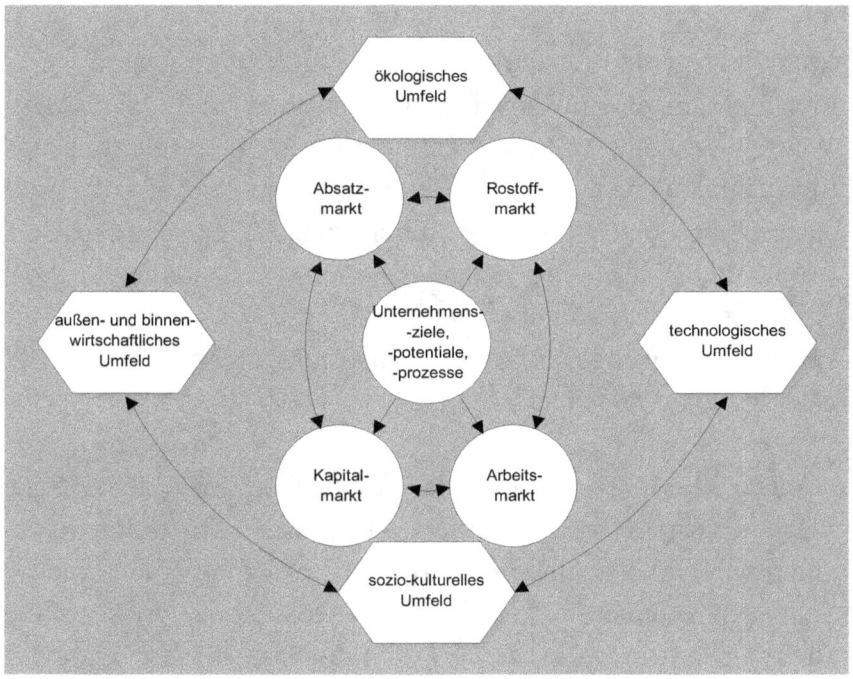

Frühwarntools sind nicht auf Daten aus Geschäftsaktivitäten gerichtet, die bereits stattgefunden haben. Vielmehr geht es um Analyse und dadurch Erkennen von Ereignissen, deren Wirkungen mit einem zeitlichen Versatz wichtig für die spätere Ergebnis- und Wachstumssicherung sind - Option, um sich Zeit kaufen zu können - die Zeit selbst ist eine konstante Größe, die kontinuierlich, unerbittlich und unbeeinflussbar verrinnt

Frühwarnsignale bezüglich Preise und Wettbewerb sind: Preiserhöhungen sind schwerer durchsetzbar, im Vergleich zum Wettbewerb höhere Preise verhindern Mengenwachstum und Marktanteilsgewinne, Preisdifferenzierungspotenzial wird nicht ausgeschöpft, abnehmender durchschnittlicher Auftragswert, Verhandlungsmacht der Kunden nimmt zu, Verlängerung der Zahlungsziele, erhöhte Garantieleistungen, zunehmende Zahl verlorener Aufträge, Innovationsrate sinkt, Reaktionszeiten bei Marktveränderungen nehmen zu.

Manche Menschen weigern sich, Geschwindigkeit als einziges Leistungskriterium zu akzeptieren. Und dies wohl zu Recht: vor allem wollen sie auch der Langsamkeit produktive und kreative Seiten abgewinnen. Viele haben das Gefühl, nur noch auf der Überholspurt zu leben (leben zu müssen), auf der nicht die Großen die Kleinen dominieren, sondern die Schnellen die Langsamen. Es geht um eine „ausgewogene Zeit-Balance zwischen Speed und Downsizing, beruflichen Anforderungen und privaten Wünschen, Persönlichen Lebenszielen und gelebter Realität". Größere Schnelligkeit bedeutet, ein vergleichbares

Arbeitsergebnis in kürzerer Zeit leisten zu müssen, was gleichzeitig den Druck durch höhere Verantwortung und steigende Erwartungen erhöht. Die Zeit selbst ist eine konstante Größe, die kontinuierlich, unerbittlich und unbeeinflussbar verrinnt (so wie beim Schreiben dieser Zeilen wieder ein paar Einheiten auf der Lebensuhr verronnen sind). Auf der Lebenslinie sollte man sich immer wieder fragen: wie groß ist die Entfernung zu meinem statistischen „Verfallsdatum"? Wie viel Zeitkapital steht mir ungefähr noch zur Verfügung? Was kann (und will) ich in meiner restlichen Lebenszeit erreichen? Zeitsouverän zu sein heißt, innerhalb der gegebenen Rahmenbedingungen (die man auch selbst noch verändern kann) seine Zeit und damit sein Leben nach seinen eigenen Vorstellungen und Wünschen zu gestalten.

Wer in seinem Beruf beschleunigt oder gehetzt wird, braucht im Gegenzug auch eine gehörige Portion Ruhe. Geld, das man vielleicht verloren hat, kann man immer wieder zurückgewinnen – Zeit dagegen nie, die ist unwiederbringlich weg. So wenn mir jemand zwei Stunden meiner Zeit stiehlt heißt dies: die einzigen Diebe, die nicht bestraft werden, sind die Zeitdiebe. Im Sinne einer besseren Effizienz geht es darum, das was man tut, richtig zu tun. Viele Menschen haben deshalb Schwierigkeiten, weil sie auf zu vielen Hochzeiten gleichzeitig tanzen und sich mit zu vielen Dingen auf einmal beschäftigen. Selbstausbeutung ohne Limit führt meist nicht zur Belohnung mit einem heiß ersehnten Chefposten (sondern zum Burn-out). Die Kunst besteht nicht darin, seine Zeit für diese vielen Dinge noch effizienten zu gestalten. Sondern darin, sich auf das Wesentliche zu beschränken und zu konzentrieren (simplify your life). Wer seinem Leben Sinn und Richtung zu geben versucht, sollte eine klare Vision, ein berufliches und persönliches Leitbild haben und befolgen. „Visionen wecken Energien, lösen Aktivitäten aus und reißen andere mit. Visionen setzen gewaltige geistige wie emotionale Energien frei, stellen also ein mentales Kraftzentrum dar. Alles, was man real erreichen will, ist zuvor mental entstanden".

Frühwarnindikatoren sind ein Instrument, um sich Zeit einkaufen zu können: Dabei lassen sich für Vorlaufzeiten, d.h. die Zeitspanne, in der aus einem schwachen Signale ein „hard fact" wird meistens nur grobe Anhaltspunkte finden. Frühwarnsignale Vertrieb und Sortiment sind: zunehmende Abschlussdauer, steigende Anzahl von Fehlbesuchen, Rate der Neukundengewinnung sinkt, Durchschnittsumsatz pro Kunde sinkt, Anzahl von Kundenverlusten steigt, steigende Vertriebskosten bei stagnierendem Umsatz, Sortimente veralten aufgrund veränderter Kaufgewohnheiten, trotz zunehmender Sortimentsbreite und Sortenvielfalt keine Umsatzsteigerung, verringerte Preiselastizität der eigenen Produkte.

Kombinierter Methodeneinsatz: erfolgversprechend sind insbesondere integrative Ansätze, die quantitative Verfahren wie Korrelationsanalysen, Trendextrapolation, Glättungsverfahren mit qualitativen Methoden wie Portfoliotechnik, Szenariotechnik oder Expertenbefragung verknüpfen und integrieren.

Spezifische Schwächen einzelner Verfahren und Methoden können durch einen kombinierten Einsatz vermieden oder durch Stärken anderer Verfahren jeweils ausgeglichen werden. Zu den Komponenten zählen: es werden Frühwarninformationen entweder durch Zeitvergleich von Kennzahlen oder innerjährliche Hochrechnungen von Über- und/oder Unterschreitungen bestehender Planungen ermittelt. Es werden Frühwarnindikatoren, die mit zeitlichem Vorlauf Informationen über latente, mit den herkömmlichen Instrumentarien nicht oder erst zu spät wahrnehmbare Entwicklungen, ermittelt. Indikatoren sollen sich dabei nicht mehr an vergangenheitsorientierten Größen ausrichten, sondern verstärkt auf die Beschreibung latenter Chancen und Risiken abzielen. Es geht darum, positive oder negative Entwicklungen möglichst frühzeitig zu erkennen, die sich in einer Veränderung der jeweiligen Indikatoren im Zeitablauf über oder unter bestimmte Schwellenwerte hinaus ausdrücken: Im Rahmen pyramidenhaft aufgebauter Informationssysteme ist dabei die Wahrscheinlichkeit größer, bedrohliche Entwicklungen im unteren Teil der Pyramide, d.h. in weniger aggregierten Daten, früher zu erkennen als direkt an der Spitze eines Kennzahlenbündels und ein Frühwarnsystem muss zusätzlich auch in der Lage sein, Informationen in Form von Branchenvergleichen, Segmentvergleichen u.a. herzustellen.

Mit den einzelnen Ausprägungsstufen von Frühwarninstrumenten: Soll-Ist-Abweichungsanalyse, Ausbau von Kennziffernsystemen zu Indikator-Katalogen und Strategisches

„Radar" zur Erfassung auch schwacher Signale lassen sich folgende Aufgaben des Risikomanagements unterstützen.

Signale: sowohl Unternehmens- als auch Umfeldsignale, auch in schwacher Form erfassen und bereitstellen

Veränderungen: Hinweis auf Veränderungen der bisherigen oder der neuen Erfolgspotenziale

Ursachen: Analyse der Zusammenhänge zwischen beobachteten Signalen und Entwicklungen

Bewertung: Beurteilung der Signale nach ihrer Bedeutung für das Unternehmen

Planung: Umsetzung der gewonnenen Erkenntnisse in Ziel- und Planprozesse.

360-Grad-Scanning: die Frühwarninstrumente müssen informations- und datenmäßig sehr eng sowohl mit der eigenen strategischen Ausrichtung des Unternehmens als auch mit der externen Unternehmensumwelt verknüpft werden. Es müssen auch schwache Signale, d.h. nur unscharf strukturierte Informationen, herausgefiltert werden. Mögliche kritische Ereignisse sind meist das Ergebnis eines längeren Prozesses, der lange Zeit vorher oft nur durch schwache Signale auf sich aufmerksam zu machen beginnt.

Abhängigkeit der Reaktion von der Stärke des Frühwarnsignals

Reaktion	Bedrohung vermutet	Ursache der Bedrohung erkannt	Grad der Bedrohung quantifiziert	Gegenmaßnahme festgelegt	Erfolg der Strategie voraussehbar	Stärke Signal
Umweltbeobachtung						
Analyse eigener Stärken/ Schwächen						
Aufbau externer Strategien						
Anpassung interner Strukturen						
Planung Projekte u. Maßnahmen						
Aktionsplang. Durchführung						

Mit der Methode des Scannings werden wie mit einem „strategischen Radar" quais mit einem 360-Grad-Suchverfahren bestimmte Raster im Umfeld des Unternehmens nach schwachen Signalen abgetastet. Hat man mit diesem Scanning schwache Signale empfangen, die Hinweise auf kritische Ereignisse sein könnten, schließt sich im zweiten Schritt ein Monitoring an. Hierbei handelt es sich um einen analytischen Diagnoseprozess, um zusätzliche und tiefergreifende Informationen zum dem georteten Signal dazugewinnen zu können.

Ziel- und Erfassungsgrößen der Frühwarninstrumente:

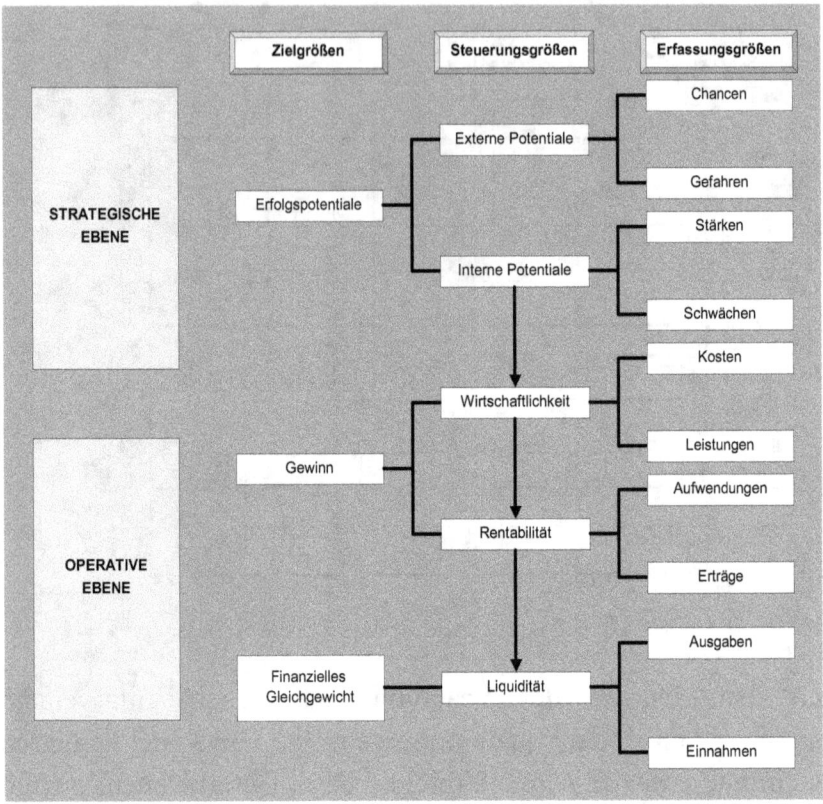

Wer Risiken identifizieren, messen, limitieren und steuern kann, ist in der Lage, Risiko zum positiven Produktionsfaktor zu machen und aus der Unsicherheit im Geschäft Kapital zu schlagen. Wer Risiken schneller und besser als andere einschätzt und entsprechend reagiert, kann sich dadurch Vorteile im Markt sichern. Das aktive Management von Risiken hat wesentlichen

Anteil am Ertragserfolg. Die Aktualität und Qualität der verwendeten Methoden für Bewertung, quantitative Risikoanalyse und deren Aufbereitung ist von zentraler Bedeutung nicht nur für einzelne Geschäfte, sondern für den Gesamterfolg des Unternehmens. Mit einer Risiken-/ Ertragschancen-Bewertung können qualitative und quantitative Umsetzungsrisiken, Eintrittswahrscheinlichkeiten und Auswirkungen auf den Deckungsbeitrag bewertet werden sowie eine ausgewogene Mischung für risikooptimierte Geschäfte ange-strebt werden.

Erfolg mit Risiko: Zweck eines systematischen Risikomanagements ist es, trotz vorhandener oder sogar zunehmender Risiken, das Erreichen der Unternehmensziele erfolgreich zu gestalten. Viele Risikosituationen sind auf dem besten Weg, sich mathematisch darstellen zu lassen. Es geht um die Wahr-nehmung des Risikos und der Wahrscheinlichkeiten. Eine Risikosituation ist an ein Möglichkeitsspektrum gebunden, das von einer Wahrscheinlichkeit bestimmt ist, die sich auf Ereignisse bezieht, deren Eintritt einen Verlust bzw. Kosten oder einen Gewinn bzw. Einnahmen bedingt. Einzelne Risikosituationen unterscheiden sich u.a. dadurch, ob sie kontrollierbar sind oder nicht. Management bedeutet daher bis zu einem gewissen Grade gleichzeitig immer auch Risikomanagement. Nicht zuletzt auch deshalb, weil mit Erhöhung des Risikos nicht immer automatisch auch eine Erhöhung der Chancen verbunden sein muss.

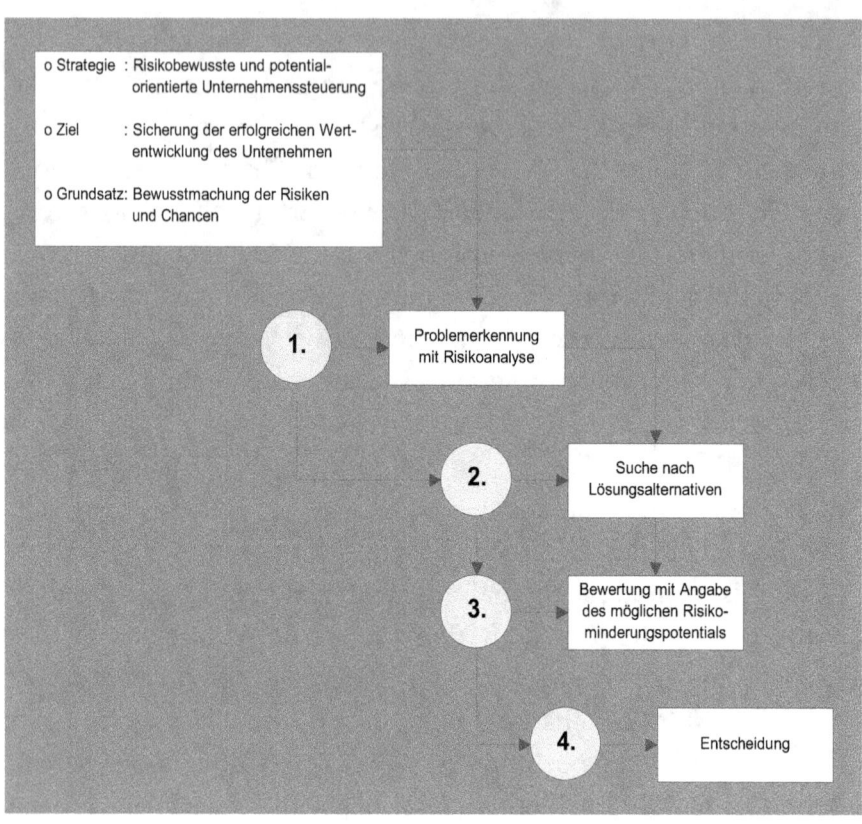

Welt der Möglichkeiten: in der Theorie der Wahrscheinlichkeiten geht es darum, was am Unvorhersehbaren formalisierbar und quantifizierbar sein könnte

Die nicht vorhandene, unsichtbare Wahrnehmung wird gefühlt durch die Maschine Zufall ersetzt. Am Anfang steht das Unbekannte, Unzugängliche. Um von der Unsicherheit zum Zufall zu gelangen, muss der Blick innehalten, muss einen in Erstaunen versetzen. Außerhalb der gelebten Wirklichkeit gibt es keinen Zufall. Mit dem Bild des Zufalls wird versucht, die Wirklichkeit begrifflich zu erfassen, sie irgendwie begreiflich zu machen. So soll der Zufall eine Vorstellung vermitteln, ohne etwas der sinnlichen Wahrnehmung oder der reinen Intuition verdanken zu müssen. In der Theorie der Wahrscheinlichkeiten geht es darum, was am Unvorhersehbaren formalisierbar und quantifizierbar sein könnte. Im antiken Griechenland gab es hierfür extra den Gott Chaos, der das repräsentieren sollte, was nicht organisierbar ist. Der Zufall eröffnet uns eine Welt der Möglichkeiten. Wie das Universum selbst, scheint diese (fast) unendlich. „Die erste Regel der Wahrscheinlichkeiten lautet, dass die Wahrscheinlichkeit eines Ereignisses die Summe der Wahrscheinlichkeiten aller Möglichkeiten ist, die es realisieren".

Zielabweichungen und deren Eintrittswahrscheinlichkeit: die Risiken selbst lassen sich u.a. durch das Ausmaß der voraussichtlichen Schadenswirkungen und negativen Zielabweichungen und deren Eintrittswahrscheinlichkeit charakterisieren. Von ihrer Ursache her können sich für ein Unternehmen mögliche Störpotenziale besonders auf den Absatz-, Rohstoff-, Kapital- und Arbeitsmärkten einstellen. Auch technische, soziokulturelle und poltische Einflüsse sind hinsichtlich ihres Negativpotenzials auf die Unternehmensentwicklung hin nicht als Risikoquellen auszuschließen. Hierzu zählen u.a.: politische Umwälzungen und Krisen, technologische Entwicklungen die frühzeitig oder ausschließlich der Konkurrenz zugänglich sind, gesellschaftliche Wertewandel und Verbraucherverhalten, Umwelt- und Verbraucherschutzgesetze, Wechselkursänderungen, Konjunktureinbrüche, Preisverfallrisiken, Zinsrisiken, Lohnerhöhungsrisiken oder Produkteinführungsrisiken.

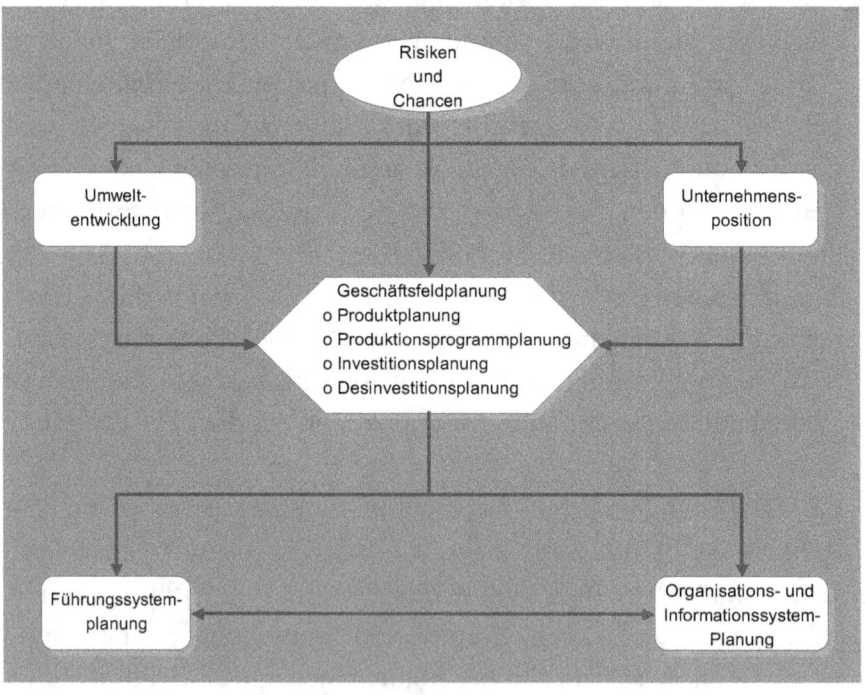

Wie sensitiv sind Risikofaktoren? Dabei geht es u.a. um Fragen wie beispielsweise: „wie ändert sich mein Gesamtrisiko, wenn sich ein Risikofaktor ändert"? oder: „mit welchen potenziellen Verlusten muss ich rechnen, wenn sich ein Faktor ändert"? Solche Differenzierung ist von Bedeutung: denn wenn beispielsweise ein Faktor mit hoher Sensitivität auf ein Teilrisiko wirkt, muss das nicht unbedingt relevant für das Gesamtrisiko sein. Relevant ist dies nur, wenn die Risikostruktur größere Volumina in dieser Position aufweist. Neben Verfahren zur Identifizierung, Analyse, Simulation und Bewertung müssen Instrumente für die Umsetzung dieser Erkenntnisse in Steuerungsimpulse für die Kontrolle der Geschäfte verfügbar sein.

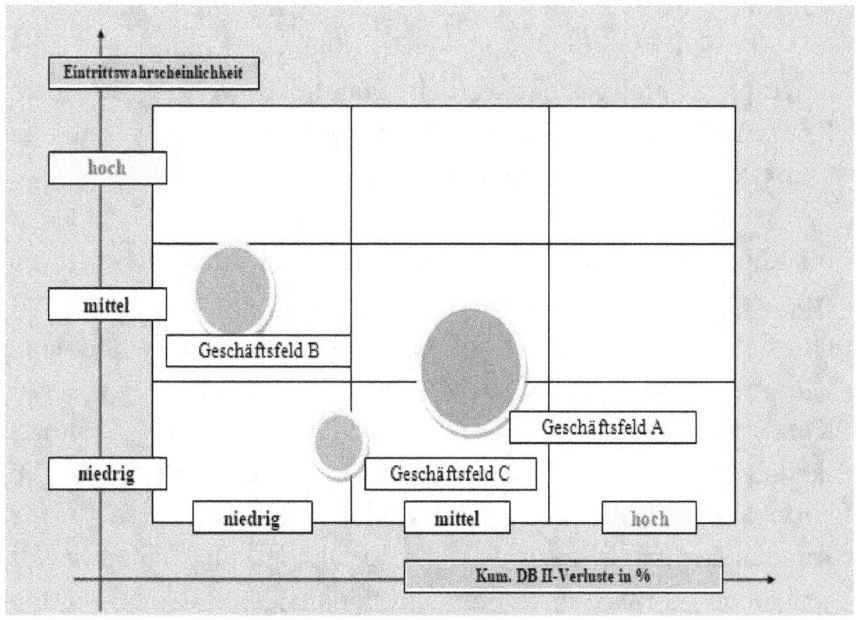

Application- und Credit-Scoring: da die Märkte ständigen Änderungen unterworfen sind, betreffen die zentralen technischen Anforderungen an ein Risiko-Controlling-System weniger den Systemkern selbst als dessen flexible Anpassungsfähigkeit an die Veränderung der Rahmenbedingungen. In der heutigen dynamischen Wettbewerbsumgebung müssen Systemlösungen in der Lage sein, schnell auf Änderungen des Umfeldes reagieren zu können. Neue wissenschaftliche Erkenntnisse müssen jederzeit und schnell integrierbar sein. Auch die immer häufigeren Veränderungen von Strukturen, Abteilungen und Aktivitäten in Unternehmen setzen eine Anpassbarkeit des Systems und insbesondere des Datenmodells voraus. Die Daten- und Anwendungsstruktur muss in der Lage sein, auf eine Vielzahl heterogener Datenquellen zuzugreifen, die von den verschiedensten Plattformen und externen Datenlieferanten bereitgestellt werden. Für die Bewertung sowie für Konzentrations- und Sensitivitätsanalysen sollten die Daten auf Transaktionsebene gespeichert werden.

Im Rahmen der Kundenbewertung läßt sich beispielsweise mit Application-Scoring, Attrition-Scoring und Credit-Scoring prüfen, für welche Angebote ein Kunde überhaupt in Frage kommt und ob sich erste Hinweise dafür erkennen lassen, dass sich eine Kundenbeziehung aufzulösen droht. Oder wie die Zahlungsfähigkeit und Zahlungsweise eines Kunden zu bewerten ist. Mit Hilfe des Attrition-Scoring-Modells wird innerhalb der Kundendatenbank nach Risiken gefahndet, die einen bevorstehenden Verlust eines Kunden signalisieren. Credit-Scoring-

Modelle dienen anhand von Risikomerkmalen zur Prognose von Kreditrisikowahrscheinlichkeiten: nach einer Faustregel kann ein Forderungsausfall den Ertrag von bis zu zehn guten Neukunden kosten. Mit diesem Verfahren können deshalb alle zum Zeitpunkt der Risikobewertung verfügbaren Daten hinsichtlich der Forderungsausfälle und der normalen Zahler miteinander verglichen werden, um daraus risiko-relevante Merkmale herauszufiltern. Analysiert werden beispielsweise die Forderungsausfälle unter den Neukunden der letzten zwölf Monate sowie Stichproben der normalen Zahlen desselben Zeitraums.

Risk-Controller: für die Analyse der Risikozusammenhänge ist die Bereitstellung der Daten in einem hierarchisch aggregierten Dateninformationssystem erforderlich. Ergänzend wird eine Metadatenbasis benötigt, die über Zugriffsmethoden, Informationspfade, Informationsberechtigungen und ihre Darstellung Auskunft gibt. Die eigentliche Risikobewertung erfolgt anhand mathematisch-statistischer Algorithmen. Das System sollte in der Lage sein, Präsentationen und Berichte sowohl auf aggregiertem Level darzustellen als auch in tiefer liegende Aggregationsebenen zu „drillen". Ein solches „Risk-Warehouse" ermöglicht die Analyse und Steuerung von Risikopositionen: mit Hilfe von Worst-Case-Szenarien oder Stop-Loss-Triggern kann die Wahrscheinlichkeit grosser Verluste ebenso wie die Volatilität von Ergebnissen transparent gemacht werden. Dem Risk Controller stehen eine Vielzahl von Methoden und Verfahren zur Verfügung, u.a.:   Varianz/

Kovarianzanalyse, GARCH Modelle für die Bestimmung von Varianzen bei nicht stationären Verteilungen, stochastische historische Monte-Carlo-Simulationen oder Optimierungsmodelle.

Modelle erlauben es, die oft komplizierte Struktur der Risikofaktoren und deren verwobene Zusammenhänge und ihr Ineinanderwirken zu analysieren, machen aber die bewusste Entscheidung der Verantwortlichen nicht überflüssig

Erkenntnisgewinn realistisch einschätzen: der Erkenntniszuwachs durch Risikomodelle darf jedoch nicht überschätzt werden. Zwar liefern die komplexen mathematisch-statistischen Verfahren eine bessere methodische Grundlage für das Verständnis und die Abschätzung von Risiken: Risikomodelle liefern Informationen für die risikoorientierte Steuerung, machen aber die bewusste Entscheidung der Verantwortlichen nicht überflüssig. Risikomodelle sind keine Kristallkugel, die eine Zukunft vorhersagen könnte. D.h.: Modelle sind Abstraktionen von der Realität, d.h. ihre Ergebnisse dürfen nicht verabsolutiert werden, sondern müssen laufend kritisch hinterfragt werden.

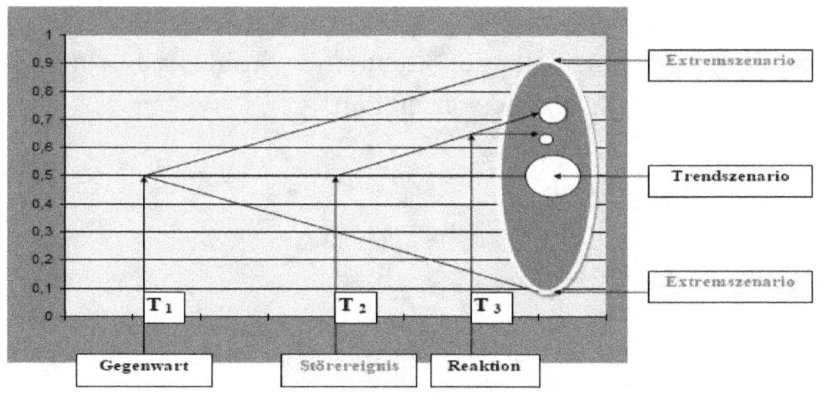

Reaktion auf Störereignisse

Ergänzung quantitativ durch qualitativ: Mathematisch-statistische Planungstechniken unterliegen zwei wesentlichen Einschränkungen:

es müssen möglichst lückenlose Datenreihen aus der Vergangenheit vorliegen,

für zukünftige Entwicklungen sollten keine wesentlichen Struktureinbrüche oder Parameteränderungen in den Umfeldbedingungen zu erwarten sein.

Aus diesem Grunde sind Szenariotechniken als Ergänzung zu rein quantitativen Techniken auch als qualitative Prognose- und Risikoanalyseinstrumente geeignet. Technische Entwicklungen, verändertes Nachfrageverhalten, stärkere Konkurrenz oder politische Krisen/Umbrüche können zu Diskontinuitäten des Umfeldes führen, auf das Unternehmen kaum Einfluss haben. Was sie aber in der Hand haben, ist die hierauf am besten geeignete Reaktion. Im Denkmodell der Szenariotechnik gibt es nämlich nicht: „die" Zukunft. D.h. es gibt immer mehrere Zukünfte, mit denen man rechnen muss: denn während sich die eigene Vorstellungskraft häufig auf ein lineares Weiterdenken konzentriert, kann sich die Situation aufgrund o.a. Umwälzungen plötzlich ganz anders darstellen.

Szenariotechnik analysiert mehrdimensional alternative Zukunftspfade:

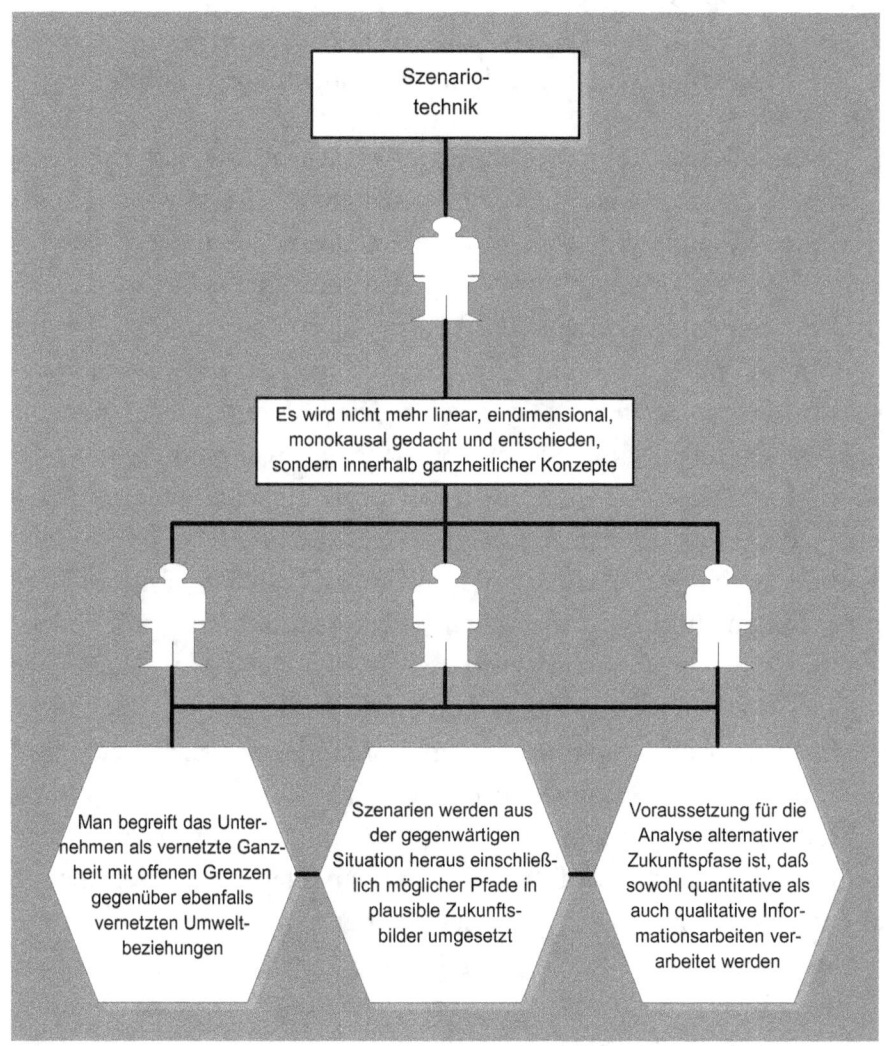

Wenn Krisen eines lehren, dann dies: man sollte tunlichst alles in seiner Macht stehende unternehmen, um bereits ihren Wurzeln das Wasser abzugraben. Der Kampf gegen das Risiko wird wesentlich vom vorhandenen Entscheidungsvermögen, d.h. persönlichen Entscheidungstechniken als Denkhilfen, bestimmt

Für eine Krise gibt es selten nur einen Grund, sondern meistens viele Ursachen. Ebenso wenig ist für eine Krise immer nur ein, vielleicht auch noch mehr oder weniger anonymes System (beispielsweise zügelloser Kapitalismus, die Gier oder ein Ordnungs- und Regelsystem) verantwortlich. An Krisen sind immer Personen beteiligt, zu nicht geringen Anteilen werden sie von diesen auch erst gemacht. Die besten ausgeklügelten Entscheidungstechniken nutzen wenig, wenn die, die sie anwenden, nicht über die erforderlichen Personalfaktoren und -eigenschaften verfügen. Vor diesem Hintergrund wird versucht, eine begehbare Brücke zwischen persönlichen Entscheidertechniken und -eigenschaften (Personalfaktoren) zu finden. Gewinn ist immer auch eng mit Risiko verknüpft, d.h. ganz ohne Risiko gibt es auch keinen Gewinn. Der Kampf gegen das Risiko wird wesentlich vom vorhandenen Entscheidungsvermögen, d.h. personenbezogenen Entscheidungstechniken als Denkhilfen, bestimmt. Es gilt Murphys Gesetz von der Böswilligkeit des Zufalls: nicht entscheiden heißt, den Zufall entscheiden zu lassen. Und der ist meist nicht kreativ, aber oft missgünstig. Der Zufall mag Entscheidungen abnehmen, aber die Folgen gehen immer ganz zu Lasten des Nicht-Entscheiders. D.h. Erfolg = Summe richtiger Entscheidungen!

Mit einer Strategiekrise beginnt es. Es kommt darauf an, bereits die Strategiekrise als erste Stufe einer aufziehenden Schieflage - zunehmender Wettbewerbsdruck, Veränderung der Marktposition, nachlassendes Kundeninteresse u.a.- rechtzeitig zu identifizieren. Oft liegen zwischen dem Erkennen einer Krise und dem Konkurs der Firma nur wenige Wochen, d.h. wird eine Krise erst im späten Stadium einer dann meist schon Liquiditätskrise erkannt, ist eine Rettung oft nicht mehr möglich. Die Insolvenzgefährdung eines Unternehmens wird durch verschiedene Faktoren bestimmt. Zwar lassen sich Insolvenzen nur sehr selten auf eine Ursache zurückführen, dennoch ist ein maßgeblicher Faktor auf die Insolvenzentwicklung die Ertragslage und ihre Veränderung. Insolvenzen stellen immer einen Ausnahmetatbestand dar. Vor allem kleine Unternehmen scheiden durch eine stille Liquidation ohne Insolvenzverfahren aus dem Markt aus. Die absoluten Insolvenzzahlen können dabei nur einen sehr groben Anhaltspunkt für die Insolvenzgefährdung geben: um das Gefährdungspotential näher zu quantifizieren, müssen die absoluten Zahlen auf die Gesamtzahl der Unternehmen bezogen werden. Unternehmensrisiken entstehen nicht über Nacht: vielmehr kündigen sie sich mit mehr oder weniger zahlreichen und zum Teil nicht direkt sichtbaren Symptomen an. Wer Risiken und strategische Fehler bereits im Vorfeld erkennt, kann Krisen bereits im Vorfeld meistern und so nicht zuletzt auch den Absturz in eine „worst-case"-Insolvenz vermeiden.

Schneller als die Konkurrenz reagieren. Für die Früherkennung erlangen sogenannte „weiche Faktoren" -beispielsweise Auftragseingang der Branche, Inflationsrate, Kundenzufriedenheits-Index, Cash Flow, innerbetriebliche Krankheits- und Fluktuationsquote- eine zunehmende Bedeutung. Bilanz und BWA liefern nur vergangenheitsbezogene Daten. Daraus nicht ableiten lassen sich u.a. Trends und Innovationen, die sich nicht im Produkt- oder Dienstleistungsangebot des Unternehmens wiederfinden und damit wichtige Signale einer aufziehenden Krise sein können. Neben vergangenheitsbezogenen Finanzzahlen wichtig sind u.a. Daten zu Alter des Maschinenparks, Ausfallzeiten, Reparaturkosten, F+E-Kosten im Vergleich zur Konkurrenz oder Patentanmeldungen. Die immer mehr zunehmende Dynamik der Märkte verstärkt gleichzeitig den Druck auf eine perspektivisch ausgerichtete Planungsbasis. Es geht darum sich schneller als die Konkurrenz auf das zukünftige Umfeld einstellen zu können, d.h. in Zeiten des schnellen Wandels wird Früherkennung/-warnung immer mehr zum Königsweg: Gefahren und Risiken werden dadurch aufgespürt, bevor sie für das Unternehmen bedrohliche Folgen zeigen, Gelegenheiten/Potentiale können erfasst werden, bevor sie verlorengehen. Insolvenzgefahren und Liquiditätskrisen proaktiv entgegen steuern: wer Risiken und strategische Fehler bereits im Vorfeld erkennt, kann Krisen bereits im Vorfeld meistern.

Von der Strategie- zur Liquiditätskrise. Es kommt darauf an, bereits die Strategiekrise als erste Stufe einer aufziehenden

Schieflage -zunehmender Wettbewerbsdruck, Veränderung der Marktposition, nachlassendes Kundeninteresse u.a.- rechtzeitig zu identifizieren. Oft liegen zwischen dem Erkennen einer Krise und dem Konkurs der Firma nur wenige Wochen, d.h. wird eine Krise erst im späten Stadium der Liquiditätskrise erkannt, ist eine Rettung des betroffenen Unternehmens oft nicht mehr möglich. Für die Früherkennung erlangen sog. „weiche Faktoren" -beispielsweise Auftragseingang der Branche, Inflationsrate, Kundenzufriedenheits-Index, Cash Flow, innerbetriebliche Krankheits- und Fluktuationsquote- eine zunehmende Bedeutung. Bilanz und BWA liefern nur vergangenheitsbezogene Daten. Daraus nicht ableiten lassen sich u.a. Trends und Innovationen, die sich nicht im Produkt- oder Dienstleistungsangebot des Unternehmens wiederfinden und damit wichtige Signale einer aufziehenden Krise sein können. Neben vergangenheitsbezogenen Finanzzahlen wichtig sind u.a. Daten zu Alter des Maschinenparks, Ausfallzeiten, Reparaturkosten, F+E-Kosten im Vergleich zur Konkurrenz oder Patentanmeldungen.

Die immer mehr zunehmende Dynamik der Märkte verstärkt gleichzeitig den Druck auf eine perspektivisch ausgerichtete Planungsbasis. Es geht darum sich schneller als die Konkurrenz auf das zukünftige Umfeld einstellen zu können, d.h. in Zeiten des schnellen Wandels wird Früherkennung/-warnung immer mehr zum Königsweg: Gefahren und Risiken werden dadurch aufgespürt, bevor sie für das Unternehmen bedrohliche Folgen zeigen, Gelegenheiten/Potenziale können erfasst werden, bevor sie verlorengehen. Frühwarnsignale aus dem Markt sind beispielsweise: Zersplitterung des Marktes, Abnahme des Marktes aufgrund Substitutionstendenzen, Vergrößerung des Marktes aufgrund neuer Abnehmer, Globalisierung u.a, stagnierende oder schrumpfende Mengennachfrage, abnehmende Preiselastizität, zunehmender Importdruck, verschlechterte Exportmöglichkeiten, absinkende Eintritts-barrieren für Newcomer, steigende Marktaustrittsbarrieren aufgrund zunehmender Kapitalintensität, Trend zur Vereinheitlichung von Produkten; abnehmendes Differen-zierungspotenzial, abnehmende Kundentreue bei Marken-produkten, mehr Wettbewerber und Überkapazitäten, Zunahme des Preiswettbewerbs, Veränderung der Kundenstruktur, immer kleiner werdende Marktnischen werden von einer zunehmenden Zahl von Wettbewerbern besetzt.

Strategie-Checks beschreiben den kritischen Weg: angesichts eines zunehmend turbulenter empfundenen Wettbewerbsumfeldes ist die Gültigkeitsdauer einst als langfristig eingestufter Strategien rapide abgeschmolzen. In Branchen mit hohen Veränderungsgeschwindigkeiten könnte sich die „Halbwertzeit" von Strategien mittlerweile auf 1-2 Jahre verkürzt haben. Bei häufigeren sowie auch schnelleren Strategiewechseln ist es besonders wichtig, dass das Unternehmen neben der Kompetenz über ein effektives Instrumentarium verfügen kann, mit dessen Hilfe sich Strategien schnell und effektiv umsetzen lassen. Die Bedeutung von Strategien für den Unternehmenserfolg ist unbestritten, vielfach wird aber ein Instrument vermisst, mit dem man Strategie und Aktion zusammen verbinden kann. Allgemein verfasste Grundsatz- und Strategiepapiere haben zwar ihre Berechtigung, um gemeinsame Ideen, Vorstellungen und Stoßrichtungen zu dokumentieren, sind aber oft zu wenig konkret und damit auch zu wenig objektiv nachprüfbar. Der Zusammenhang zwischen Zielen und strategischen Aktionen sowie deren Priorisierung bleiben oft unklar, d.h. erst ein umfassendes Konzept wie u.a. das der Wissensbilanz unterstützt die Darstellung auch von dynamischen Wirkungsbeziehungen hinsichtlich der eng miteinander verknüpften strategischen Ziele und zwar: mit den diesen entsprechenden Messgrößen, Zielwerten und strate-gischen Aktionen.

Kommunikationsprozesse können mit Wissensbilanzen unterstützt werden: Ziele und Strategien in ein konsistentes Bündel von Richtlinien und Maßnahmen umsetzen - im Mittelpunkt steht eine Zielverknüpfung über sämtliche Bereiche hinweg

Die Maßnahmen orientieren sich normalerweise an vier verschiedenen Perspektiven: die erste ist der finanzielle Aspekt, anhand dieser Daten kann die bisherige Performance gemessen werden. Drei weitere Aspekte sind auf die künftige Unternehmensleistung ausgerichtet: Kundenfokus, Geschäftsprozesse sowie Lernen und Wachstum der Firma. Der Vorteil eines Konzeptes wie das der Wissensbilanz: es können messbare Indikatoren für Unternehmensziele definiert und damit eine wesentliche Voraussetzung für die interne Erfolgskontrolle geschaffen werden. Mit Hilfe eindeutiger Indikatoren können Unternehmen ihre Ziele und Aktivitäten überwachen: im Sinne eines Feedback-Systems, das die Umsetzung von unternehmensweiten Strategien in gezielte Aktionen steuert. Die Indikatoren werden auf der Basis vergangener Performance-Daten definiert und sind damit Referenzdaten für aktuelle Performance-Messungen. Dabei sind einzelne Komponenten zunächst nichts grundlegend Neues. Die eigentlich Wissens-bilanz entfaltet sich erst aus der Verknüpfung dieser Ansätze sowie aus der Fähigkeit zur Ingangsetzung und Förderung der strategischen Kommunikationsprozesse: sie erhöht Transparenz hinsichtlich ganzheitlicher Darstellung des Unternehmens, Visionen und der daraus abgeleiteten strategischen Ziele sowie hinsichtlich dessen, wie diese strategischen Ziele kommuniziert und im

Unternehmensalltag des Budgets verankert werden. In Verbindung mit einer Wissensbilanz können mit dem Strategie-Check Freiräume für neue, kreative Lösungswege gefunden werden. Der Strategie-Check bestimmt den „kritischen Weg", denn wenn man nicht weiß, wohin man geht, landet man sehr leicht anderswo!

Wertorientierte Unternehmenssteuerung
Mit Hilfe der Orientierung am Unternehmenswert soll
wieder derjenige Geldbetrag in den Vordergrund rücken, der durch eine Investition als Cash Flow verfügbar ist oder nach Abschluss eines Geschäfts übrig bleibt,
das komplexe handels- und steuerrechtliche Rechenwerk wieder auf seine Grundlagen, nämlich die Zahlungsgrößen, zurückgeführt werden,
die Mindestverzinsung des eingesetzten Kapitals vom Risiko der jeweiligen Investition abhängig gemacht werden,
erkennbar gemacht werden, wo im Unternehmen einerseits Geld erwirtschaftet wird und wo andererseits Handlungs- und Verbesserungsbedarf besteht.

Für die Erzielung von Wertsteigerung stehen prinzipiell zwei Wege offen: Erhöhung der Rentabilität oder Veränderung des Investitionswertes (entweder durch profitables Wachstum oder durch Rückzug aus unrentablen Geschäften). Dafür muss sich das wertorientierte Denken und Handeln auf allen Ebenen des Unternehmens etablieren. Das erfordert Transparenz, d.h.:

die finanzielle Kennziffer wird mit den Werthebeln und Werttreibern im operativen Geschäft verknüpft (und dadurch besser verständlich). Sind diese Einflussfaktoren erkannt und transparent gemacht, kann man auch im täglichen Geschäft auf diese Größen gezielt einwirken, um so einen Beitrag zur Wertschaffung zu leisten. Die Identifizierung der Werttreiber kann mit Hilfe einer „Value Improvement Analysis (VIA)" erfolgen. Dabei geht man von der einfachen Erkenntnis aus, dass es auf jeder Ebene des Unternehmens Einflussgrößen gibt, die für die Wertschaffung wichtig sind: operative Steuerungsgrößen (Qualität, Liefertreue, Kundenzufriedenheit), Anzahl kostenintensiver Umrüstvorgänge in der Produktion (die bereits auf der unteren Ebene der Wertschöpfungs-Pyramide Einfluss auf die Rendite nehmen). Die VIA-Methode hilft, diese Werttreiber zu ermitteln und transparent zu machen, sodass jeder Mitarbeiter das Zusammenspiel der Faktoren erkennt und entsprechend handeln kann.

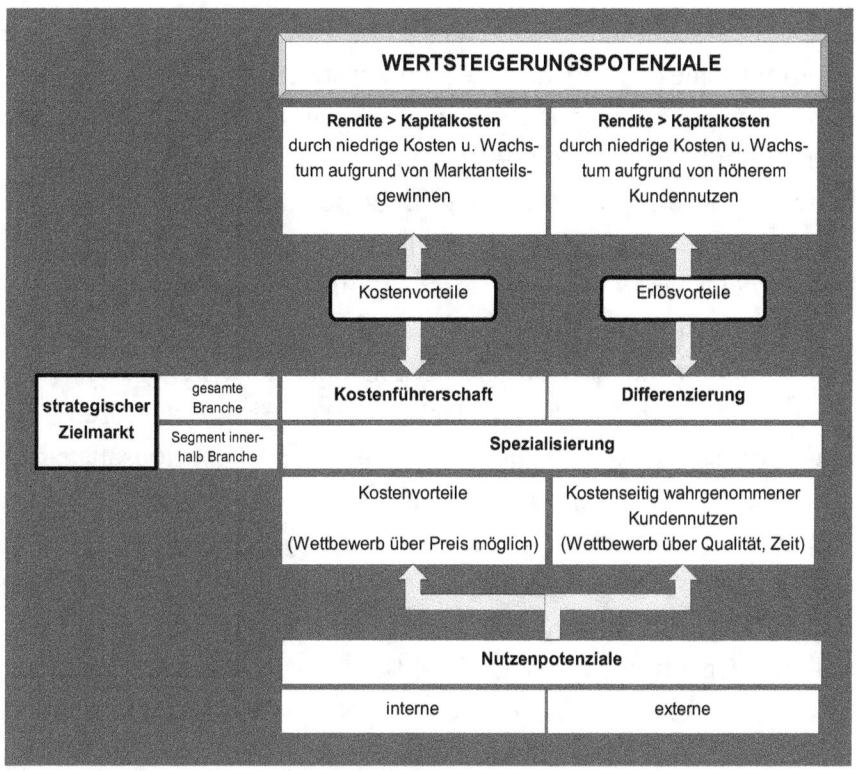

„Hurdle" – Mindestrendite: zentrale Größen der wertorientierten Unternehmenssteuerung sind die zukünftig erwarteten Zahlungsüberschüsse (Cash Flow), die Planungs-periode, über die der Cash Flow ermittelt wird und die Kapitalkosten, die zur Diskontierung des Cash Flow auf den heutigen Zeitpunkt angesetzt werden. Der Grundgedanke ist einfach: Investitionen erfordern Geld, das auf dem Kapitalmarkt verzinst wird. Deshalb werden beim Wertmanagement die Bedingungen des globalen Kapitalmarkts zugrunde gelegt. Jede Investition muss

dem Unternehmen mindestens den Ertrag bringen, den die marktübliche Verzinsung des eingesetzten Kapitals verspricht und der die Reproduktion des abgenutzten Wirtschaftsguts ermöglicht. Diese Mindestrendite wird auch als „hurdle = Hürde" bezeichnet, d.h. es gilt, diese jährlich neu definierte „Hürde" -mit möglichst deutlichem Abstand zu überspringen. Eine detaillierte, weit in die Zukunft gerichtete Cashflow-Rechnung soll den „Wert" der Investition für das Unternehmen sicherstellen, d.h.soll auf Basis der Rohstoff-, Fertigungs- und Vertriebskosten sowie vieler anderer Einflussfaktoren die zukünftigen Erlöse in Relation zu den Investitionsausgaben bringen. D.h. für ein integriertes Wertmanagementsystem ist Weitblick, statt kurzfristiges Anpeilen einzelner Ziele gefragt. Mit Hilfe des Wertmanage-ments können wichtige Steuerungsgrößen erarbeitet werden: Operativer Cashflow, Netto Cashflow, Freier Cashflow, Discounted Cashflow, Cashflow-Return-on-Investment (CFRoI), Gesamtkapitalkosten, Cash Value Added (CVA), Economic Value Added (EVA), Return on Capital Employed (ROCE), Return on Net Assets (RONA).

Zielplanung als Eckpfeiler der Wissensbilanz die Wissensbilanz ist ein Instrument, das bei der Ausrichtung der Ressourcen auf die Erreichung bestimmter Ziele helfen soll. Ein solches Instrument erlaubt es Unternehmen, strategische Ziele zu erkennen und in Aktionen umzusetzen. Ein solches Planungssystem ermöglicht außerdem die langfristige Erfolgskontrolle der angewandten Strategie. Um eine Meßlatte zu haben, muss das

Unternehmen erst seine zu erreichenden Ziele definieren und die dafür notwendigen Mittel und Maßnahmen festlegen. Die Performance wird dann über einen längeren Zeitraum an diesen Parametern gemessen, d.h. Daten werden gesammelt, analysiert und die Resultate in entscheidungsrelevanter Form präsentiert.

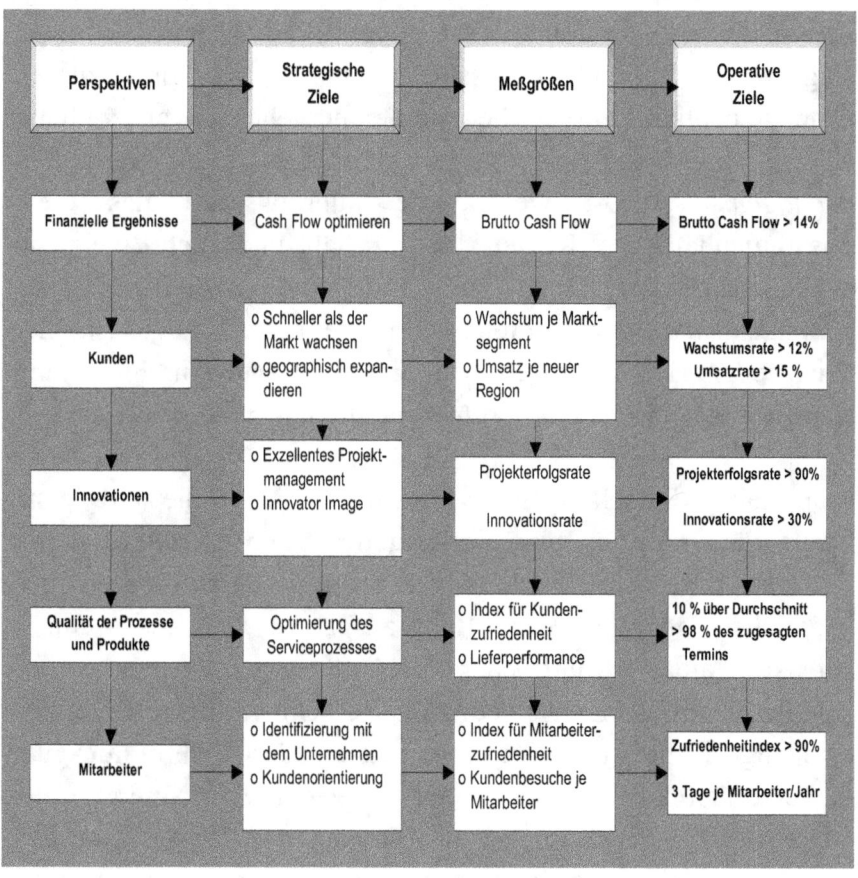

Im Stil von Rezessions- oder Boom-Managemant? Forscher haben herausgefunden, dass der Managementstil von Führungskräften stark von dem Jahr abhängt, in welchem jemand seine erste Stelle angetreten hat. Denn auch Manager werden stark durch ihre Lebenserfahrung geformt und die wichtigsten Erfahrungen machen sie in ihren ersten Berufsjahren. Und in dieser ersten intensiven Zeit ist es vor allem die wirtschaftliche Lage, die großen Einfluss auf den später praktizierten Managementstil samt auf die damit einhergehende Karriere hat.

Managementstil A: wenn eine Führungskraft das Geld zusammenhält, die Kosten niedrig hält und nicht viel von Steuertricksereien hält.
Managementstil B: wenn jemand mehr ein Draufgänger ist, eher mit großen Hebel operiert, viel investiert (auch in Forschung und Entwicklung) und wo immer möglich, mit Steuern trickst.

Nun haben Forschungen ergeben: diejenigen, die ihre erste Stelle während einer Rezession angetreten haben, „zählen später zu den eher konservativen Führungskräften, sorgen für möglichst geringe Verwaltungsausgaben, nutzen weniger intensiv die Schlupflöcher der Steuergesetzgebung und operieren mit weniger Kredit, also einem geringeren Hebel". Diejenigen, die zu Zeiten ihrer ersten Berufsjahre nur gute Zeiten erlebt haben, in denen viel eingestellt, viel riskiert wurde, vergessen dies auch später nie, werden dadurch geprägt und ahmen es dann selbst nach. Obwohl also wohl jede Führungskraft im Rahmen einer Karriere mehrere Aufs und Abs durchlebt haben dürfte, unterliegt sie einem starken Einfluss einer langen „Pfadabhängigkeit": der Anfang eines Berufslebens ist offenbar prägender als alles, was dann später noch folgen mag. Eine Erkenntnis die nicht nur auf wirtschaftlicher, sondern ebenso auf politischer Ebene Gültigkeit hat: wer in schlechten Zeiten jung war, mag eher Umverteilung und glaubt, dass Reichtum Zufall ist, „er ist skeptisch, ob staatliche Institutionen funktionieren und vertraut ihnen weniger.

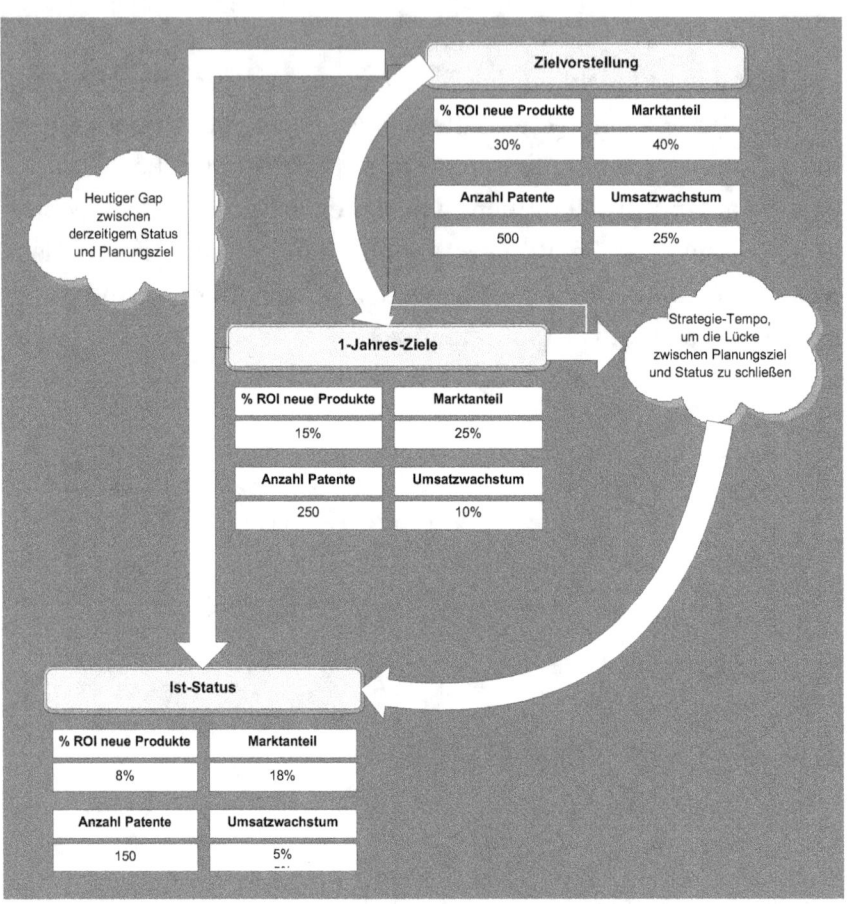

Ausgewogenes Verhältnis zwischen Zielprinzipien: neben der Formulierung von Strategien als Umsatz-, Marktanteils- und Ertragsziele müssen auch Finanzierungsziele wie Cash-Flow-Relationen, maximaler Verschuldungsgrad oder Kapitalumschlagswerte definiert werden. Die Finanzziele müssen flexibel an neue Gegebenheiten wie beispielsweise Beschäftigungsgrad, Zahlungsbedingungen, Preisänderungen u.a. angepasst werden.

Man muss deshalb ein ausgewogenes Verhältnis zwischen den verschiedenen Zielprinzipien finden sind:

Das Rentabilitätsziel bedeutet, soweit wie vertretbar (unter Umständen auch Nutzung von risikoreichen Leverage-Effekten), nur rentable Geschäfte zu machen.

Das Liquiditätsziel hat als Finanzierungsgrundsatz bei der Gefährdung der Zahlungsfähigkeit absolute Priorität.

Die Variabilität zielt auf Absicherung der Beweglichkeit (Elastizität, Dispositionsfreiheit) von Mittelherkunft und -verwendung.

Das Finanzierungsprinzip der Sicherheit zielt auf Risikominimierung, Haftungsbeschränkung und Unabhängigkeit.

Lücken zu Kernzielen schließen: mit der Festlegung von Finanz- und Wachstumszielen ist die Aufgabe des strategischen Managements aber keineswegs schon abgeschlossen. Mit Hilfe von Performance-Kennziffern wie Marktanteile, Mitarbeiterfluktuation, Kundenzufriedenheit, Verspätungen in Produktion und Lieferung u.a.- lässt sich rechtzeitig erkennen, wo noch Lücken zu den Kernzielen ihres Unternehmens bestehen. Die Wissensbilanz schlägt eine Brücke zwischen rein finanzwirtschaftlicher Analyse, Intellektuellem Kapital und langfristigen Strategien. So kann es beispielsweise sinnvoll sein, auf schnelle Gewinne zu verzichten, wenn die Unternehmensstrategie Investitionen in anderen Bereichen erfordert. Mit Target Costs kann über die Zielplanung in das Unternehmen eine konsequente Marktausrichtung (Market into Company) hineingetragen werden, d.h. die Strukturen des Unternehmens werden in dem Umfang angepasst, in dem der Kunde bereit ist, diese zu bezahlen. Bei der Einführung eines Produktes müssen dessen Eigenschaften so festgelegt werden, dass sie gleichzeitig den Wünschen des Kunden und der eigenen Zielplanung entsprechen. Auf dieser Basis wird der VK-Preis bestimmt, zu dem das Produkt für potenzielle Käufer hinreichende attraktiv ist. Von diesem Target Price wird zur Ermittlung der Target Costs der geplante Gewinn abgezogen. Diese Zielkosten sind dann die Basis für Design, Konstruktion, Fertigung und Zukauf des Produktes:

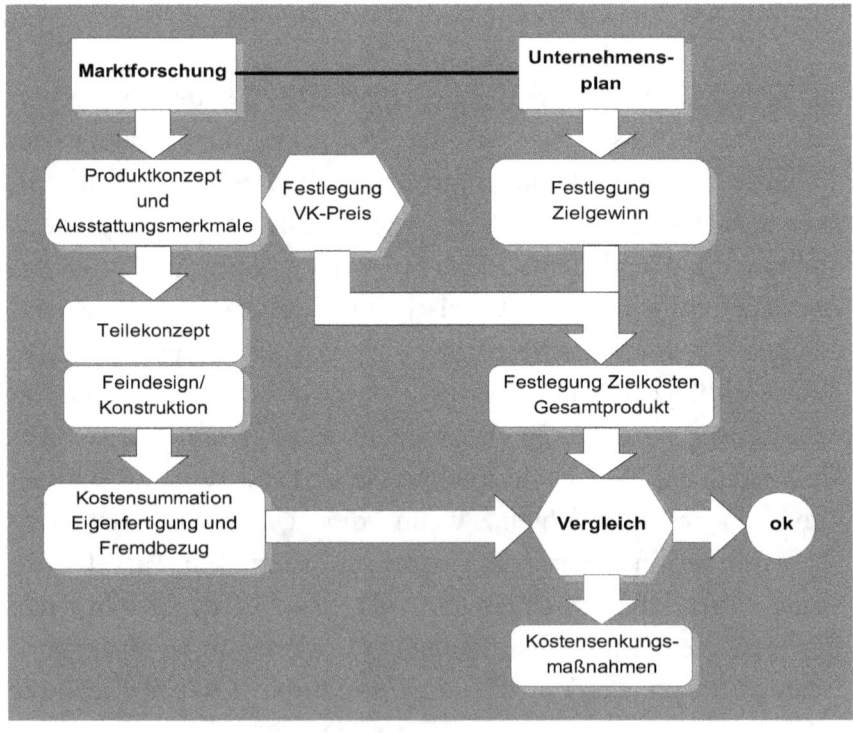

Übergreifende Zielplanung: vom Produktlebenszyklus ausgehend kann gleichzeitig auch die strategische Vorgehensweise am Markt entwickelt werden. Target Costing ist somit eine alle Bereiche des Unternehmens einschließende Zielplanung. Die Ziele für Produkteigenschaften und Produkt-funktionen, das Produktqualitätsprofil, der Produktpreis und die Produktmengen werden ausschließlich marktorientiert festge-legt. Anhand einer retrograden, wettbewerbsorientierten Kalkulation werden unter Ansatz der angestrebten Gewinn-marge (Target profit) die zulässigen Kosten (allowable costs) ermittelt; durch progressive Kalkulation auf der Basis bisheriger oder geschätzter Standardkosten werden dann die Selbstkosten (drifting costs) ermittelt und den allowable costs gegenübergestellt. Mit Hilfe von Wertanalysen oder ähnlichen Maßnahmen muss dann die Differenz zwischen allowable und drifting costs solange abgebaut werden, bis die targets costs erreicht sind und hieraus neue Standardkosten abgeleitet werden können.

Markt als Ausgangspunkt:

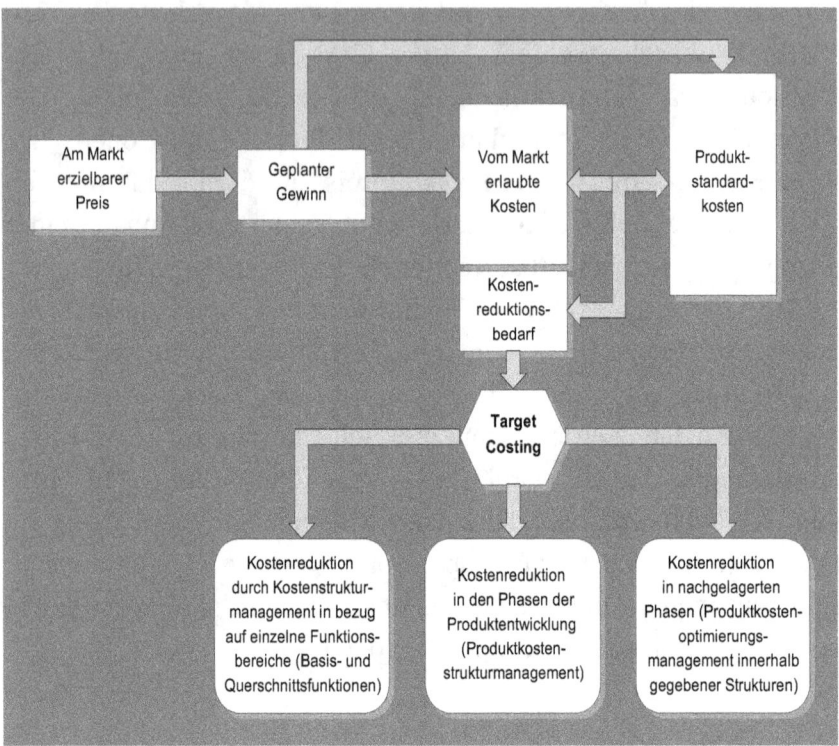

Im Rahmen des Target Cost-Konzeptes sieht sich das Unternehmen gezwungen, seine Ressourcenstrategie unter Beachtung der Kundenwünsche zu entwickeln. Somit wird deutlich, welche Infrastruktur (Personal- und Sachkapazitäten) für das Unternehmen erforderlich ist, um das markterforderliche Kostenniveau nachhaltig realisieren zu können. Target Costing unterstützt somit bereits die gesamte Strategieplanung und ermöglicht die Ausrichtung der Erlös- und Kostenrechnung auf

Produktfunktionen hin. Strategie und produktgestalterische Aktivitäten sind somit aufgrund der sowohl feed back- als auch der feed-forward-Kopplungen des Ansatzes keine getrennten oder unterschiedlichen Planungsebenen mehr: die Frühzeitigkeit der Kostengestaltung ist auf den gesamten Produktlebenszyklus ausgerichtet.

Verknüpfungstabellen der Wirkungsdauer - je mehr über einem Unternehmen statt Schönwetter- dann einmal Gewitterwolken (Umsatzrückgang, Gewinneinbruch, Kundenverluste, aggressive Konkurrenz, Konjunkturrückgang, politische Umfeldverschlechterung u.a.) aufziehen, desto heftiger pfeift der Wind an der Bergspitze

Neben dem Vorhandensein von Wirkungsbeziehungen und deren jeweiliger Stärke spielt auch der Aspekt der Wirkungsdauer eine Rolle. Speziell für das Change Management kann auch das „Wann" und „Wie lange" entscheidenden Einfluss haben. Es kommt nicht nur darauf an, auf welche anderen Faktoren und mit welcher Stärke das Change Management zu wirken vermag. Müsste angenommen werden, dass eine Wirkung erst in einigen Jahren oder später zu erwarten wäre, so mag dies allerhöchstens theoretisch noch von einigem Interesse sein. Die Interessen des Unternehmens und des Marktes dürften bei einem solchen Zeithorizont aber eher gering sein.

Um hierbei möglichst systematisch vorzugehen, bedienen wir uns wieder des Computers und der bereits vorgefertigten Wissensbilanz-Struktur des Demo-Beispielmodells. Die zuvor für die Erfassung von Wirkungsstärken entwickelten Eingabemasken und Verknüpfungstabellen können nunmehr dafür verwendet werden, um in die gleichen Felder statt der Stärken die Zeitdauer einzutragen, nach der bei Veränderungen ein Eintreten der Wirkungen erwartet wird, d.h.:

	Stufen der Wirkungsdauer
a	Sofort
b	Kurzfristig (max. 12 Monate)
c	Mittelfristig (max. 24 Monate)
d	Langfristig (mehr als 24 Monate)

Falls also das Anwendungsprogramm aufgrund der eingegebenen Verknüpfungstabelle zwischen Faktoren eine Wirkungsbeziehung feststellt, so kann der sich hieraus mit einer entsprechenden Dicke ergebende Wirkungspfeil automatisch mit der Kennzeichnung für die hierzu später angenommene Wirkungsdauer belegt werden.

ID	Einflussfaktor	GP-1	GP-2	GP-3	GP-4
GP-1	Leitbild und Unternehmensstrategie		d	d	a
GP-2	Innovation-Change Management	c		c	c
GP-3	Customer Relation Management	o	d		c
GP-4	Marketingcontrolling	d	d	a	
GE-1	Image und Bekanntheitsgrad	d	d	b	d
GE-2	Marktattraktivität, Konkurrenz	d	d	b	c
GE-3	Entwicklungspotential, Konkurrenz	b	b	d	d
GE-4	Leistungsqualität	d	c	b	c
HK-1	Unternehmerische Kompetenz	d	d	d	d
HK-2	Ausbildung, Fachqualifikation	o	d	d	d
HK-3	Mitarbeiterzufriedenheit, -motivation	d	d	c	c
HK-4	Wissensmanagement, -bilanzierung	d	d	c	c1
SK-1	Informationssysteme, Anwendungen	o	d	b	b
SK-2	Planungs- und Controlling-Tools	d	d	c	a
SK-3	Frühwarn-, Risikokontrollsystem	a	a	d	c
SK-4	Standortfaktoren	d	d	d	d
BK-1	Kunden-, Lieferantenbeziehungen	o	c	b	c
BK-2	Unternehmenskommunikation	b	b	b	o
BK-3	Kompetenznetzwerke	c	d	o	o
BK-4	Logistikleistungen	o	c	c	d

Wirkungsdauer der Prozessfaktoren

Je mehr über einem Unternehmen statt Schönwetter- dann einmal Gewitterwolken (Umsatzrückgang, Gewinneinbruch, Kundenverluste, aggressive Konkurrenz, Konjunkturrückgang, politische Umfeldverschlechterung u.a.) aufziehen, desto heftiger pfeift der Wind an der Bergspitze (sprich Managementebene) – und die Sehnsucht nach dem Basiscamp steigt. Der Führungskraft in dieser oder ähnlicher Situation ist äußerlich selten etwas anzumerken: sein Gang ist aufrecht, seine Stimme fest, sein Ehrgeiz ungebrochen, sein scharfer Verstand arbeitet, Verhandlungen wie immer knallhart geführt. Innerlich dagegen sieht es oft anders aus: Schlaflosigkeit, Unfähigkeit abzuschalten und zu regenerieren. Das Gefühl, unentrinnbar in einer Endlosschleife gefangen zu sein. Die Illusion zu glauben, dass man freier werde, je höher man aufsteige, ist trügerisch. Vielmehr steigt die Gefahr, zum Getriebenen zu werden. Auch im routinemäßigen Geschäftsalltag gibt es Einsamkeit: besonders wenn es um harte personelle Entscheidungen geht, die auch an dem Entscheider nicht immer spurlos vorübergehen, er sich viele Gedanken macht. Irgendwann einmal ist auch einmal ein Einkommensniveau erreicht (bei dem einen früher, bei dem anderen später), ab dem es nicht mehr sinnvoll ist, noch mehr Geld zu verdienen und dafür mehr Stress in Kauf nehmen zu müssen. Dann die Geschäftsreisen, die einst so erstrebenswert schienen: Häufig allein in einem Hotelzimmer zu sein, ist nicht angenehmen. Abends an der Bar nur einsame Manager zu sehen ebenso nicht.

ID	Einflussfaktor	Wirkungsdauer der Erfolgsfaktoren			
		GE-1	GE-2	GE-3	GE-4
GP-1	Leitbild und Unternehmensstrategie	d	d	d	d
GP-2	Innovation-Change Management	d	b	b	c
GP-3	Customer Relation Management	d	d	b	a
GP-4	Marketingcontrolling	b	b	b	0
GE-1	Image und Bekanntheitsgrad	■	c	0	0
GE-2	Marktattraktivität, Konkurrenz	c	■	d	d
GE-3	Entwicklungspotential, Konkurrenz	0	c	■	c
GE-4	Leistungsqualität	d	c	c	■
HK-1	Unternehmerische Kompetenz	d	c	b	c
HK-2	Ausbildung, Fachqualifikation	d	d	c	b
HK-3	Mitarbeiterzufriedenheit, -motivation	c	d	d	a
HK-4	Wissensmanagement, -bilanzierung	d	c	b	a
SK-1	Informationssysteme, Anwendungen	0	d	a	a
SK-2	Planungs- und Controlling-Tools	0	d	a	c
SK-3	Frühwarn-, Risikokontrollsystem	0	0	a	c
SK-4	Standortfaktoren	d	d	d	a
BK-1	Kunden-, Lieferantenbeziehungen	c	c	a	d
BK-2	Unternehmenskommunikation	b	d	d	0
BK-3	Kompetenznetzwerke	d	d	d	d
BK-4	Logistikleistungen	c	c	d	a

Wirkungsdauer zwischen Change Management sowie Prozess- und Erfolgsfaktoren (Kennzeichnung mit Kleinbuchstaben):

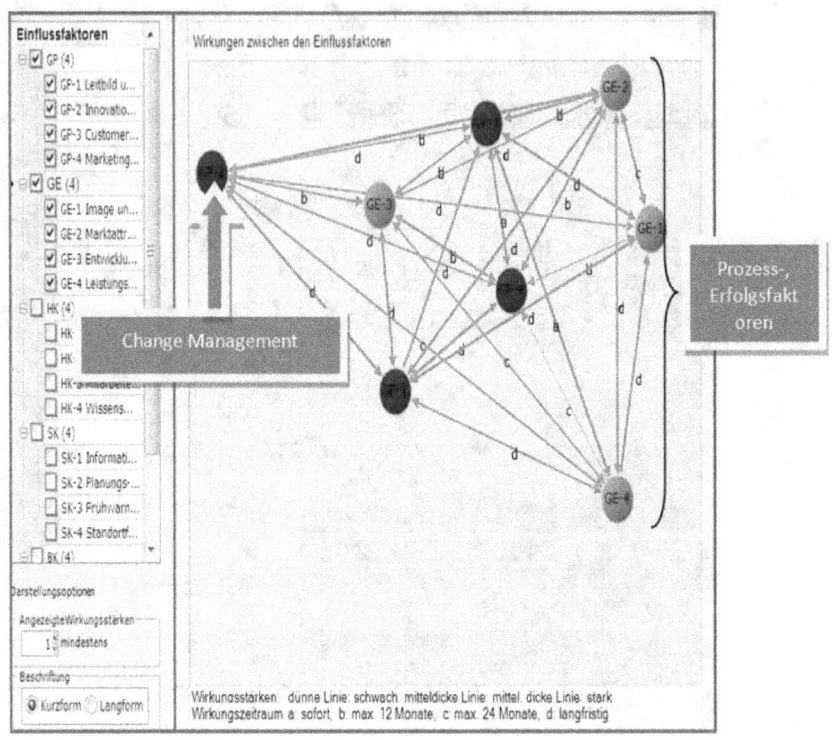

Die Welt ist so komplex geworden: da schafft es keine Führungskraft, noch überall Experte zu sein. Auf externen Rat angewiesen zu sein bringt das Gefühl, abhängig (oder gar schwach) zu sein. Zwar schleppen Führungskräfte immer irgendwelche Themen mit sich herum und suchen jemanden, mit dem sie sich vertrauensvoll und unbefangen austauschen können. Finden diesen Jemand manchmal aber nur selten. Zudem zählen Führungskräfte zu den sogenannten Alpha-Tieren und verabscheuen Schwächen nicht nur bei anderen sondern auch bei sich selbst. Führungskräfte zählen zur Riege der Entscheider (Sachverhalte, die Excel nicht für einen ausrechnen kann), müssen also immer viele Möglichkeiten abwägen und in Betracht ziehen (sonst wären es ja keine Entscheidungen). Und immer geht es auch um ein gehöriges Maß von Risikomanagement. Im Nachhinein beschleicht den Entscheider dann leicht ein Gefühl der Unsicherheit, das man dies oder jenes eventuell hätte besser machen können. Einsame Entscheidungen machen eben auch die Person dahinter einsam: wobei Einsamkeit und Alleinsein unterschiedliche Dinge sind. Häufig dabei: eine Mischung aus Gefühlen, oft auch Angst und Niedergeschlagenheit. Wichtig ist, sein Haus nicht nur auf einer einzigen Säule zu bauen, die allein aus Leistung und deren Anerkennung von anderen besteht. „Sollten nämlich einmal Misserfolg oder großer Druck auf diese Konstruktion kommen, gerät leicht das ganze Gebäude ins Wanken".

Wirkungsdauer der Humanfaktoren					
ID	Einflussfaktor	HK-1	HK-2	HK-3	HK-4
GP-1	Leitbild und Unternehmensstrategie	d	d	d	d
GP-2	Innovation-Change Management	c	c	c	d
GP-3	Customer Relation Management	0	0	0	0
GP-4	Marketingcontrolling	b	0	0	0
GE-1	Image und Bekanntheitsgrad	0	0	d	0
GE-2	Marktattraktivität, Konkurrenz	d	d	d	d
GE-3	Entwicklungspotential, Konkurrenz	0	0	d	d
GE-4	Leistungsqualität	d	d	a	d
HK-1	Unternehmerische Kompetenz	■	a	a	a
HK-2	Ausbildung, Fachqualifikation	c	■	a	b
HK-3	Mitarbeiterzufriedenheit, -motivation	0	a	■	0
HK-4	Wissensmanagement, -bilanzierung	a	a	a	■
SK-1	Informationssysteme, Anwendungen	0	0	d	d
SK-2	Planungs- und Controlling-Tools	d	0	0	0
SK-3	Frühwarn-, Risikokontrollsystem	d	0	0	0
SK-4	Standortfaktoren	0	d	a	0
BK-1	Kunden-, Lieferantenbeziehungen	0	0	0	0
BK-2	Unternehmenskommunikation	0	0	c	0
BK-3	Kompetenznetzwerke	d	d	d	b
BK-4	Logistikleistungen	0	0	0	0

Ja, es stimmt: die Zeiten sind wohl brutal für Führungskräfte. Die Konkurrenz für Führungskräfte ist härter geworden: die Globalisierung erlaubt es, aus einem viel größeren Talente-Pool zu schöpfen als früher. Fachleute meinen, dass nur etwa dreißig Prozent des Erfolges einer Führungskraft durch seine Persönlichkeitsstruktur erklärbar ist. Auch sollte man nicht eine durchsetzungsstarke Persönlichkeit vorschnell mit Narzissmus verwechseln. Es gibt Menschen, die nicht aus Machtgründen, sondern vor allem deshalb nach Führung streben, weil sie das

Heft in die Hand nehmen wollen. Andere wiederum wollen aus Prestigegründen führen, um ihre soziale Position zu verbessern. Wenn man führen will, kann es nicht schaden, auf dem Weg des Aufstiegs auch einmal den Job zu wechseln. Um sich gezielter darauf vorzubereiten, sich in einem stetig wechselnden und immer kompetitiven Umfeld durchzusetzen. Schwierig werden könnten es für Menschen, die klare Prinzipien haben und im Verlauf ihrer Berufserfolge öfter gezwungen werden, gegen diese Prinzipien arbeiten zu müssen. Dabei ist nicht so sehr die hohe Arbeitsbelastung ein Problem, sondern die Konkurrenz des eigenen Wertesystems mit dem, in dem sie arbeiten. Der eventuelle Konflikt zum inneren Regelwerk. Ein sehr gerechtigkeitsliebender, rücksichtsvoller Mensch, der gezwungen ist, langfristig auch rücksichtslos zu agieren, muss mehr Kraft aufwenden als der Rücksichtslose. Nur ein guter Verdränger kann mit diesem Zwiespalt gut leben, alle anderen reiben sich auf, ein Burnout ist praktisch vorprogrammiert.

Ebenso gefährdet sind Menschen, die einen Hang zum Perfektionismus haben, die schwer „nein" sagen können. Oder die viel Aufwand betreiben, um anderen zu gefallen. Auch die selfmade-men, die es ohne Netzwerke alleine schaffen mussten, mussten als soziale Aufsteiger bereits extrem große Anstrengungen investieren, um weiter nach oben zu kommen. Einmal dort angelangt, sind ihre Kraftreserven bereits weitgehend erschöpft. Der Gedanke, jetzt endlich auch in einer oberen Liga mitspielen zu dürfen, zehrt weiter an den verbliebenen Kräften. Denn soziale Aufstieg bedeutet gleichzeitig auch, sich von seinen sozialen Wurzeln zu entfernen. Auch sich in einem neuen sozialen Umfeld zu verankern kostet viel Energie. Energien, die an anderer Stelle dringend benötigt würden. Es ist dann ein bisschen wie Auswandern, man hat sein gewohntes Zuhause verlassen.

ID	Einflussfaktor	SK-1	SK-2	SK-3	SK-4
	Wirkungsdauer der Strukturfaktoren				
GP-1	Leitbild und Unternehmensstrategie	d	0	d	0
GP-2	Innovation-Change Management	d	d	a	0
GP-3	Customer Relation Management	a	a	a	0
GP-4	Marketingcontrolling	b	a	a	0
GE-1	Image und Bekanntheitsgrad	0	0	0	d
GE-2	Marktattraktivität, Konkurrenz	d	d	d	d
GE-3	Entwicklungspotential, Konkurrenz	c	c	a	0
GE-4	Leistungsqualität	d	d	0	0
HK-1	Unternehmerische Kompetenz	d	d	b	c
HK-2	Ausbildung, Fachqualifikation	c	d	d	d
HK-3	Mitarbeiterzufriedenheit, -motivation	0	0	0	0
HK-4	Wissensmanagement, -bilanzierung	d	d	d	0
SK-1	Informationssysteme, Anwendungen	■	a	a	0
SK-2	Planungs- und Controlling-Tools	a	■	a	0
SK-3	Frühwarn-, Risikokontrollsystem	b	b	■	d
SK-4	Standortfaktoren	0	0	a	■
BK-1	Kunden-, Lieferantenbeziehungen	d	0	d	d
BK-2	Unternehmenskommunikation	0	0	d	0
BK-3	Kompetenznetzwerke	0	0	d	0
BK-4	Logistikleistungen	c	c	0	d

Wirkungsdauer zwischen Change Management sowie Human- und Strukturfaktoren (Kennzeichnung mit Kleinbuchstaben):

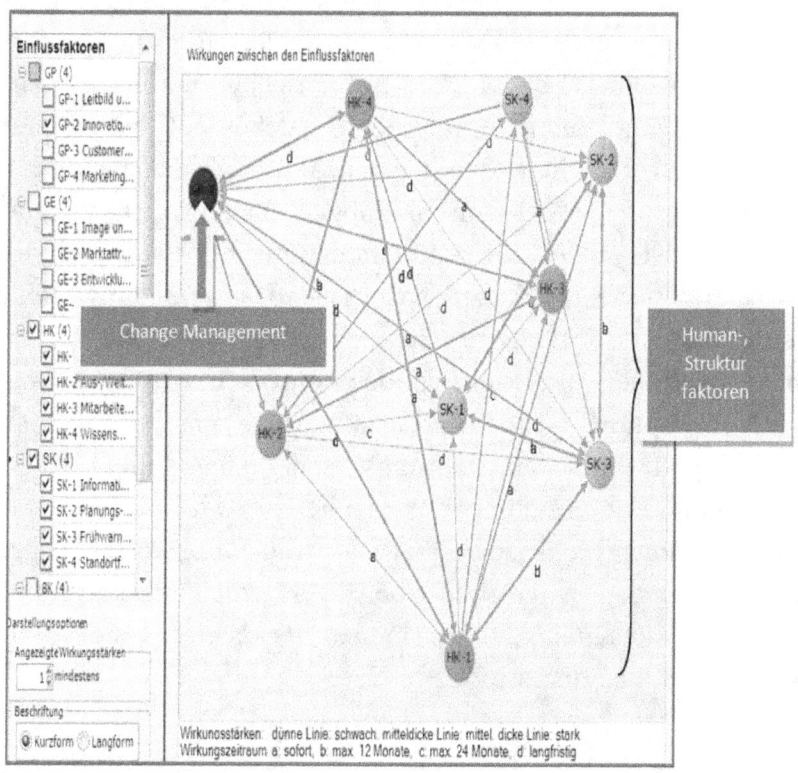

Alles auf der Basis von Disruption? Nach der Meinung vieler Manager, die etwas auf sich und ihre Fortschrittsgläubigkeit halten geht es nur noch mit Startup-Spirit (Scheitern heißt gewinnen), einem coolen Büro, Mitarbeitern ohne Krawatten und Präsenzpflicht im Büro. Und das alles nur, weil jeder knochentrockene Typ von einst den Glauben hat, sich jetzt und jederzeit mit den Apples im Silicon Valley messen zu müssen. Und im Zentrum dieses Sturmwirbels steht immer wieder die Disruption, eine Revolution, eine neue Idee, die alles ändert, und zwar auf einen Schlag. Alte Firmen gehen unter, neue (im Zweifel aus Kalifornien herkommend) tauchen auf und nehmen sich alles: „wer nicht aufpasst, so lehrt die Kodak-Fabel, der wird disruptetd, zerlegt von blutjungen Start-ups" Ein Rudel „fresswütiger Hyänen", die „so klein und machtlos aussehen, bis man merkt –wenn es zu spät ist- dass sie umwerfend zerstörerisch sind. Etablierte scheitern, wenn sie von umstürzenden Innovationen attackiert werden: plötzlich ist überall nur noch Disruption. Eine Geschäftsidee muss, soll sie erfolgversprechend sein, disruptiv sein (sonst fließt kaum Startkapital). Das Geschäft muss skalierbar, d.h. nahezu unbegrenzt und unendlich „ausrollbar" sei, mit Grenzkosten gegen Null tendierend. Der Amazon-Chef brachte dies auf den Punkt: „alles, was die Kunden lieber mögen als das, was sie vorher gekannt haben, ist disruptiv".

www.ingramcontent.com/pod-product-compliance
Lightning Source LLC
Chambersburg PA
CBHW051317220526
45468CB00004B/1390